LE RÈGNE

DE

NAPOLÉON III

PAR

CHARLES WOESTE

MINISTRE D'ÉTAT

MEMBRE DE LA CHAMBRE DES REPRÉSENTANTS

BRUXELLES

OSCAR SCHEPENS & Cie, ÉDITEURS

16, RUE TREURENBERG, 16

1907

LE RÊGNE
DE
NAPOLÉON III

LE RÈGNE

DE

NAPOLÉON III

PAR

CHARLES WOESTE

MINISTRE D'ÉTAT

MEMBRE DE LA CHAMBRE DES REPRÉSENTANTS

BRUXELLES

OSCAR SCHEPENS & Cie, ÉDITEURS

16, RUE TREURENBERG, 16

1907

AVANT-PROPOS.

Le règne de Napoléon III a marqué d'une date indélébile l'histoire de la France. Il renferme deux périodes, l'une brillante, l'autre désastreuse ; mais ces périodes ne se contre-balancent pas par leurs effets : la seconde a été le signal de la décadence du pays, et depuis lors celle-ci ne devait plus cesser de faire des progrès.

Singulière destinée que celle de Napoléon III ! Après avoir dissipé sa jeunesse dans les aventures, il a atteint les cimes du prestige et de l'influence, pour tomber ensuite dans les limbes de mécomptes persistants et s'effondrer finalement dans une catastrophe qu'on ne pourrait dire imméritée. Ce n'est pas qu'il ne se distinguât par des qualités réelles : il était bon, généreux et clément ; mais ce qui l'a perdu, c'est le rêve, au service duquel il mettait les ressources les moins avouables du conspirateur. Parfois, il était lent à se décider ; parfois, il brusquait ses résolutions, et si ces défauts n'apparaissent guère quand la fortune sourit, ils sont pleins de périls quand les difficultés s'accumu-lent.

Au commencement de son règne, il sentait la nécessité de consolider son pouvoir, et celle-ci lui donna des lumières qui le préservèrent des égarements. Dès 1855, il fut hanté par des desseins vagues et compliqués ; il les laissa prendre corps dans son esprit ; il en poursuivit la réalisation, non sans se jeter tantôt à droite et tantôt à gauche de la route, si bien qu'il finit par se trouver au bord de l'abîme et qu'il y sombra. De là deux parts dans le second empire : dans l'une, tout est succès ; dans l'autre, tout est revers.

C'est ainsi que l'œuvre des rois, poursuivie pendant des siècles et ayant pour objet, par l'unité à l'intérieur, d'assurer la prépondérance de la France à l'extérieur, se trouva ruinée.

Il ne faut donc pas s'étonner que les historiens, parmi lesquels il convient de citer en première ligne M. de la Gorce et M. Emile Ollivier, se soient attachés à retracer une époque qui a exercé sur l'avenir d'un grand peuple une influence si considérable et si néfaste. C'est ce qui m'a déterminé à mon tour à exposer dans quelques vues d'ensemble les phases diverses qu'ont traversées les dix-huit années impériales et qui ont abouti à un véritable cataclysme : elles sont pleines d'enseignements pour les chefs d'État et les hommes politiques qui ne sont pas indifférents aux leçons qu'apportent les grandes fautes humaines.

CHAPITRE I.

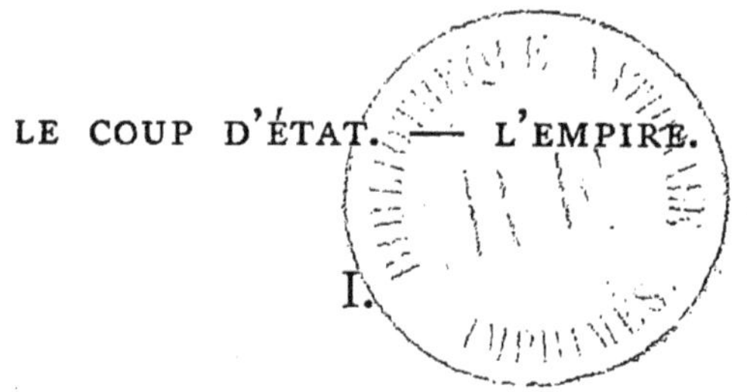

LE COUP D'ÉTAT. — L'EMPIRE.

I.

L'imprévu gouverne l'humanité : il constitue l'une des parts que la Providence s'est réservées dans la direction du monde.

Rien ne vérifie mieux cette vérité, que la fortune soudaine du prince Louis-Napoléon après 1848. A la veille de cette date, il était oublié et en quelque sorte dédaigné ; les aventures dans lesquelles il avait trempé l'avaient frappé d'une sorte de discrédit chez les classes gouvernantes. Tout à coup, au milieu du bouillonnement révolutionnaire qu'avait suscité la chute de la monarchie de Juillet, son nom apparut comme un rempart contre les décadences dont le pays était menacé : il devint président de la république. Pendant cette période, son rôle fut complexe et dissimulé ; parfois aussi, il se manifestait par de brusques soubresauts, que semblaient inspirer des impatiences à peine contenues. En réalité, le prince se sentait inférieur à la destinée passagère que les institutions nouvelles lui avaient assignée, et peut-être était-ce là aussi l'avis des masses qui l'avaient élevé au premier rang. Il ne faut pas chercher ailleurs les causes du coup d'État du 2 décembre 1851.

Il est vraisemblable que Louis-Napoléon avait médité de longue date de donner une issue à la situation fausse qui lui pesait ; il se croyait une mission, et le choix qui avait été fait de sa personne pour la présidence de la république ne pouvait que l'affermir dans cette conviction ; il envisageait son nom comme un symbole de gloire, d'ordre et d'attachement aux principes de la révolution française, symbole répondant aux aspirations de la France du xixe siècle. On lui a beaucoup reproché le 2 décembre, et, du point de vue de l'état des choses alors existant, cette censure se comprend. Mais l'instabilité était à ce moment la condition du pays, et il n'est pas douteux que les populations n'aspirassent à la sécurité : la bourgeoisie avait peur du socialisme ; le peuple, surtout dans les campagnes, ne répugnait pas à un régime qui, tout en conservant le suffrage universel, évoquait de grands souvenirs, propres à captiver les imaginations.

S'il n'en avait pas été ainsi, le coup d'État n'eût pas si facilement réussi : il fut l'œuvre du président et de quelques rares confidents, hommes d'action et d'énergie, M. de Morny, le général de St-Arnaud, M. de Maupas, M. Mocquart et M. de persigny ; devant eux, tous les pouvoirs cédèrent sans trop d'efforts. Sans doute, des mesures énergiques et bien combinées furent prises partout pour comprimer la résistance ; mais elles n'auraient pas eu l'effet espéré, si elles n'avaient trouvé un écho dans les masses etdans les classes aisées ; dès le

premier jour, un mot du prince domina la situation :
" Que les bons se rassurent et que les méchants trem-
blent " ; ce mot fut accueilli avec un bon vouloir
marqué.

Les adhésions ne tardèrent pas ; un peu froides
d'abord, elles furent bientôt plus empressées, et lorsque le 20 décembre le peuple fut appelé à se prononcer
dans les comices, il ratifia l'acte du président par
7.439.216 suffrages contre 640.737. On peut être tenté
de se demander si le résultat de cette consultation ne
s'explique pas par ce double fait, que l'auteur du coup
d'État avait tout détruit et qu'il ne restait que lui.
J'estime cependant qu'il y eut dans les suffrages affirmatifs plus de sympathie que de résignation ; les foules
ne songent guère aux conséquences d'un vote négatif,
et si la France n'avait pas approuvé les événements
récents, elle l'eût apparemment manifesté. L'énorme
majorité qui s'était réunie sur son nom ne pouvait
manquer d'être pour le président un encouragement ;
il s'en prévalut, et en recevant le procès-verbal de la
commission consultative contenant les chiffres du
scrutin, il témoigna son espoir de fonder des institutions
" qui répondraient à la fois aux instincts démocratiques
de la nation et à ce désir exprimé universellement
d'avoir désormais un pouvoir fort et respecté ".

Le mot célèbre de M. Thiers : " l'Empire est fait, "
semblait déjà une vérité. Mais le vainqueur ne voulut
procéder que par étapes. Il entendait, pendant les quelques semaines de dictature qu'il avait devant lui, organiser le régime nouveau à son gré, puis se faire désirer
comme empereur, et l'on peut dire que, sous ce double

rapport, il fit preuve de beaucoup de décision et d'esprit de suite.

Il fallait d'abord statuer sur le sort des représentants du peuple arrêtés le 2 décembre, puis sur celui des 26.000 personnes incarcérées à Paris et dans les départements les jours suivants. En ce qui concerne les représentants du peuple, beaucoup furent remis en liberté ; un certain nombre de montagnards furent expulsés par mesure de sûreté générale, avec menace d'être déportés s'ils franchissaient la frontière ; quelques orléanistes et quelques généraux d'Afrique furent " momentanément éloignés ". Pour statuer sur le sort des détenus de la seconde catégorie, le prince institua des commissions mixtes par départements, composées du général, du préfet et du procureur de la république, et il les chargea d'opérer des triages. C'est ce qu'elles firent dans des séances à huis clos où toute garantie était absente. Il ne faut pas s'étonner dès lors du souvenir néfaste qui se rattache à leurs pouvoirs éphémères; on plaignit les 9.530 internés en Afrique et les 239 déportés à Cayenne. Cependant, les grâces, qui avaient été nombreuses durant le cours des opérations des commissaires, continuèrent à se produire pendant toute l'année 1852 ; au commencement de 1853, il restait 6.000 proscrits ; à la Guyane, il y avait encore à ce moment 150 transportés politiques.

Débarrassé des éléments les plus remuants, des agitateurs impénitents, le président s'occupa de la promulgation d'une constitution. Le plébiscite du 20 décembre lui donnait le droit de constituer la France sur un modèle nouveau et il s'empressa d'en user, pour

s'attribuer une autorité prépondérante. Il écarta délibé-
rément les constitutions de 1815, de 1830 et de 1848,
qu'une triple expérience avait démodées, et il en revint
au système du consulat, présage de l'empire. Le
14 janvier, après s'être aidé surtout de M. Rouher, il
signa la constitution nouvelle. Etait-ce une œuvre
hâtive ? Il en est souvent ainsi des constitutions ; elles
voient d'ordinaire le jour à la suite de grands boulever-
sements, alors que les pouvoirs qui émergent sentent la
nécessité de faire vite et de s'affermir ; supposez-les au
contraire se confectionnant en temps normal : la tâche
sera presque interminable. Ce qui est certain, c'est que
la constitution présidentielle tout entière était empreinte
d'un caractère autoritaire fortement marqué, et, à ce
point de vue, il est permis de dire qu'elle était profondément méditée.

Dans la proclamation qui l'accompagnait, Louis-
Napoléon écrivit : " Je me suis dit : puisque la France
ne marche depuis 50 ans qu'en vertu de l'organisation
administrative, militaire, judiciaire, religieuse, financière
du consulat et de l'empire, pourquoi n'adopterions-nous
pas les institutions politiques de cette époque ? Créées
par la même pensée, elles doivent porter en elles le
même caractère de nationalité et d'utilité pratique. " Il
semble cependant que le prince oubliait une chose, c'est
que ces institutions n'avaient pas vécu quinze années et
qu'elles n'avaient pu prévenir aucune faute de la part
du fondateur de la dynastie impériale.

Les bases du système adopté furent les suivantes :
un chef du pouvoir exécutif élu pour dix ans et res-
ponsable ; des ministres ne dépendant que de lui ; un

Conseil d'État proposant les lois et chargé de les soutenir ; un Corps législatif nommé par le suffrage universel, discutant et votant ces mêmes lois ; une seconde assemblée, le Sénat, choisie par le président et gardienne du pacte fondamental et des libertés publiques.

A ne s'arrêter qu'à ces grandes lignes, on dirait que les garanties contre l'arbitraire du pouvoir exécutif ne manquaient guère. Mais qu'on examine les détails, et l'on verra combien les droits de la nation étaient restreints.

Le chef de l'État avait seul l'initiative des lois ; il assemblait, ajournait, dissolvait la représentation nationale à son gré ; les ministres ne prenaient pas part aux délibérations des Chambres et échappaient ainsi à leur contrôle.

Le Corps législatif avait le choix entre l'adoption et le rejet des lois proposées, dont la défense était confiée à des conseillers d'État : ses membres ne pouvaient présenter d'amendements qu'à la commission chargée de les examiner ; si ces amendements étaient accueillis par la commission, ils étaient renvoyés au Conseil d'État, qui avait le droit de les admettre, de les rejeter ou de les modifier ; quant aux lois elles-mêmes, il est à peine besoin de dire que la crainte d'encourir la responsabilité de leur rejet devait, d'après les prévisions, en imposer toujours ou presque toujours l'adoption.

Le Sénat avait en apparence les attributions les plus importantes ; il était chargé non de discuter les lois, mais de s'opposer à leur promulgation, si elles étaient contraires à la constitution, si elles étaient de nature à

compromettre la défense du territoire, si elles bles-
saient la religion, la morale, l'égalité civile et politique,
le droit de propriété, la liberté individuelle, en un mot,
les fondements de la société ; de plus, il était appelé à
interpréter, sauf l'approbation du président, les articles
obscurs ou douteux de la constitution ; il pouvait
aussi " poser les bases de projets de loi d'un grand
intérêt national ". Mais si l'on songe que, bien que
devant être composé d'illustrations d'après la proclamation qui commentait les institutions nouvelles, il
était nommé par le président, on doit admettre qu'il
n'avait guère l'indépendance nécessaire à l'exercice
fructueux de ces hautes fonctions.

En somme, le pouvoir exécutif absorbait tout. C'était
le rétablissement du césarisme, c'est-à-dire de ce régime
qui, reposant sur des plébiscites, fait du chef de l'État
l'organe suprême des volontés du peuple. Cependant
le Corps législatif conservait le vote des lois et de
l'impôt, et si, dans les périodes de lassitude et de
fortune, ces droits ne pouvaient suffire pour lui donner
une sérieuse importance, il était permis de croire qu'ils
serviraient à restaurer les autres, dès que les fautes ou
les revers du pouvoir exécutif auraient affaibli son
prestige.

En attendant que les élections eussent pu avoir lieu,
le prince profita de sa dictature pour déployer une
grande activité.

Des corporations ouvrières créées en 1848 furent
dissoutes, des officiers ministériels mis en demeure de
céder leurs charges, des écrits hostiles saisis, des clubs
supprimés ; la presse fut traitée en ennemie : un décret

subordonna toute création d'un journal politique, de même que tout changement dans sa direction matérielle ou intellectuelle, à l'autorisation préalable, et prescrivit des cautionnements élevés ; d'autres mesures aussi arbitraires furent prises ; de telle sorte qu'à partir de ce moment, la vie de la presse ne fut plus que précaire : un journal faisait-il de l'opposition ? il risquait d'être supprimé ; se taisait-il ? il était menacé de perdre ses lecteurs.

Le prince porta encore son attention sur d'autres points. Pressé d'infuser à la magistrature un sang nouveau, il fixa l'âge de la retraite des conseillers des cours d'appel et des juges de première instance à 70 ans et des conseillers de la cour de cassation à 75 ans. D'autre part, il accorda des concessions de chemins de fer et développa le réseau télégraphique ; il abaissa la rente à 4 1/2 p. c. ; il suscita le crédit foncier ; il créa diverses institutions populaires, telles que les sociétés de secours mutuels, laissant ainsi dès l'abord percer le double désir qui l'animait de signaler son pouvoir par des entreprises éclatantes, propres à frapper l'esprit public, et par l'amélioration du sort des masses sur lesquelles il se flattait de s'appuyer.

Au milieu de toutes ces initiatives, dont les unes étaient bonnes et les autres fort contestables, mais qui toutes concouraient au même but et révélaient une énergie de volonté peu ordinaire, le prince se laissa aller à commettre un acte d'un caractère nettement révolutionnaire ; il confisqua le patrimoine personnel dont le duc d'Orléans, en devenant le roi Louis-Philippe, avait fait don à ses enfants. Par là voulait-il abattre les orléanistes, comme il comprimait les républicains ? Le calcul eût été faux ; il mécontenta des monarchistes, tels que MM. de Montalembert et de Mérode, qui s'étaient ralliés ; il fut désapprouvé même par quelques-uns de ses meilleurs serviteurs, tels que MM. de Morny, Rouher, Fould et Magne. On s'expliqua mieux cet acte plus tard, lorsqu'on vit, dans la seconde moitié de son règne, combien il était capable de coups de tête, au milieu souvent d'hésitations incurables ; mais, à ce moment, la confiscation étonna et elle irrita. Les propriétaires spoliés s'étant pourvus devant la justice, le tribunal de la Seine se déclara compétent ; aussitôt le gouvernement prit un arrêté de conflit ; il l'emporta au Conseil d'État ; toutefois, il y rencontra une minorité de 8 voix sur 17 votants. Plus tard, une telle violence eût pu lui être fatale ; mais tout régime, à ses débuts, jouit d'une certaine latitude ; il en fut ainsi dans la circonstance présente, et l'opinion passa bientôt à d'autres soucis.

Le prince, tout en multipliant les décrets, ne négligeait pas la préparation des élections. Il découpa à son gré les circonscriptions électorales et patronna à peu près partout des candidats. Que restait-il à faire à l'opposition dans ces conjonctures ? Les réunions électorales publiques ou privées n'étaient pas tolérées ; toute candidature indépendante rencontrait l'hostilité de l'administration et du clergé ; aussi, l'abstention des anciens partis fut-elle la règle ; à peine çà et là quelques légitimistes et quelques républicains affrontèrent-ils le scrutin : 8 d'entre eux sur 216 députés à nommer furent élus. Il faut sans doute faire dans ces résultats la part de la pression ; mais j'ai toujours été convaincu, et je le suis encore, qu'à cette heure le prince apparaissait comme un sauveur et qu'il avait le pays avec lui.

Les Chambres furent convoquées aux Tuileries pour le 29 mars. M. Billault avait été nommé président du Corps législatif. Quant au Sénat, il avait été formé de 72 membres, sans compter les maréchaux et les cardinaux, et le roi Jérôme avait été placé à sa tête. En réunissant le Parlement dans le palais de l'ancienne monarchie et en donnant à la cérémonie un grand apparat, le prince Louis-Napoléon semblait vouloir parler du haut d'un trône qui n'était pas encore édifié. Il fit allusion à cette situation nouvelle, mais non sans habileté : lui, il était dépourvu d'ambition ; le peuple était tout ; s'il voulait le rétablissement de l'empire, il devrait en prendre la responsabilité : " Je n'accepterais, dit le prince, de modification à l'état présent des choses que si j'y étais contraint par une nécessité évidente... Alors il pourrait être raisonnable de demander au peuple, au nom du repos de la France, un nouveau titre qui fixât irrévocablement sur ma tête les pouvoirs dont il m'a revêtu. "

Après avoir entendu les paroles du maître, les députés se rendirent dans leur salle de séances ; elle portait la physionomie de l'ordre des choses nouveau ; la tribune avait été enlevée, et au pied du bureau avait été installé le banc des conseillers d'État, chargés en quelque sorte de dominer l'assemblée et de lui signifier les volontés à accepter.

Le personnel parlementaire était peu saillant. Aucun chef des anciens partis, à part M. de Montalembert,

n'émergeait de la foule ; M. de Montalembert représentait, suivant une expression heureuse, " la puissance
démodée de l'éloquence " ; il avait adhéré au coup
d'État par crainte du péril social ; mais il aimait trop la
liberté et les combats oratoires féconds pour ne pas se
sentir bientôt dépaysé dans cette atmosphère nouvelle ;
que pouvait-il y faire ? attaquer le gouvernement ? il
n'eût pas réussi ; le contrôler ? on n'avait que faire de
ses avis. De là un mécontentement qui, né du froid de
son isolement, devait rapidement grandir et se transformer en une opposition déclarée. Cependant la Chambre renfermait un certain nombre de personnalités de
second ordre, désireuses de prendre leur rôle au sérieux
et de participer dans une mesure efficace à la gestion
des affaires publiques. Elles se trouvèrent dès l'abord
un peu déroutées à la vue des conditions nouvelles
dans lesquelles leur intervention était appelée à s'exercer : plus de contact avec les ministres ; et quant aux
conseillers d'État qui se trouvaient devant elles, ils
affectaient une grande politesse, mais déclinaient toute
compétence relativement aux recommandations qui
leur étaient faites et qui regardaient, disaient-ils, les
chefs des services administratifs. Nonobstant les règles
étroites qui leur étaient imposées, les députés exami-
nèrent de près le budget, et la commission proposa des
amendements ; ceux-ci furent presque tous écartés par
le Conseil d'État ; le rapporteur, M. de Chasseloup-
Laubat, laissa percer des regrets, et, comme la commission semblait vouloir persister dans ses amendements,
un message gouvernemental vint lui rappeler qu'elle
n'en avait pas le droit.

Dans la discussion, deux voix firent entendre des plaintes. M. de Kerdrel insista sur l'absurdité qu'il y avait à devoir voter ou rejeter le budget tout entier ; puis, retournant le mot de Siéyès, il s'écria : " En matière de budget, le Conseil d'État est tout. Que devrait-il être ? Rien. " M. de Montalembert l'appuya : " Nous sommes, dit-il, une espèce de conseil général, mais un conseil général à la merci du conseil de préfecture que voilà, " et il désignait les conseillers d'État ; puis, jetant sur l'avenir un regard de prophète, il ajouta : " Aujourd'hui, je le sens, je le prévois, vous ne me suivrez pas dans mon abstention ; vous me laisserez seul ; mais, tôt ou tard, il en sera autrement... Vous possédez dans votre organisation même les conditions de toute indépendance, la gratuité et l'élection. Ces conditions vous amèneront un jour sur le terrain de la résistance à des institutions faussées, à des prétentions abusives. "

Un jour !... Mais ce jour était loin de pouvoir être fixé. La Chambre autorisa bien par 75 voix contre 59 M. de Montalembert à publier son discours. Mais au dehors la confiance dans le pouvoir était absolue ; le public se montrait rebelle ou indifférent à toute tentation d'opposition, et le réveil paraissait fort éloigné. Des hommes, venus de partout, s'étaient posés en champions de l'absolutisme et trouvaient que la Chambre avait fait ou voulu faire de ses droits un usage trop large ; les républicains et les orléanistes étaient encore tout étourdis des coups qu'ils avaient reçus ; parmi les légitimistes, quelques-uns se ralliaient ; les autres, toujours naïfs, se figuraient que Louis-Napoléon préparait les voies au retour des Bourbons ; la bourgeoisie était satisfaite de jouir de la paix intérieure et tournait de plus en plus son activité vers les affaires ; les ouvriers espéraient une prochaine augmentation de salaires ; les campagnes avaient l'adhésion joyeuse : elles voyaient dans le nom de Napoléon une sorte de talisman.

En somme, on se considérait comme saturé de politique ; tout appareil parlementaire était l'objet de la défiance du plus grand nombre, et quand l'intelligence réclamait ses droits, c'est sur d'autres scènes qu'elle cherchait des aliments. M. Guizot recevait-il M. de Montalembert à l'Académie ? La solennité prenait les proportions d'un événement. Quelque cause retentissante se plaidait-elle au palais de justice ? Elle captivait tous les entretiens. Une pièce nouvelle, telle que *la Dame au Camélias*, se donnait-elle ? On courait au théâtre. Les âmes sensibles, justement émues d'une des grandes plaies de la République des États-Unis, lisaient et relisaient *la Case de l'Oncle Tom*. Les amateurs de controverses discutaient *le Ver Rongeur* de l'abbé Gaume, et la question des classiques païens faisait surgir des camps hostiles, aussi acharnés que les camps politiques d'autrefois. Quelques journaux cherchaient bien à éterniser les anciens procédés ; mais les avertissements et les communiqués leur étaient prodigués ; les démentis, par la voie du *Moniteur* ou des journaux officieux, se multipliaient, et comme le gouvernement avait le vent en poupe, on applaudissait ou on laissait faire.

Rien d'ailleurs n'était négligé pour gagner les masses.

Les fêtes, les divertissements, les revues, les spectacles gratuits se succédaient sans relâche. Petit à petit, les aigles réapparaissaient ; on en distribuait aux troupes. Une liste civile de 12 millions était octroyée au président. Le cérémonial de l'époque impériale était rétabli ; des costumes, flattant de petites vanités, étaient attribués aux corps constitués ; des distinctions de diverses natures étaient répandues, et déjà partout, les préfets s'initiaient aux errements qui devaient rendre fameux les préfets du second empire.

II.

C'est dans ces soins variés que se passa la plus grande partie de l'année 1852. La république s'éteignait au milieu du mépris général ; Louis-Napoléon lui donnait bien de temps en temps un coup de chapeau ; mais ce n'était plus qu'un nom ; tout le monde s'attendait à sa chute prochaine ; presque personne ne désirait son maintien. De toutes parts, les souvenirs de l'épopée impériale étaient évoqués ; des pétitions demandant le rétablissement de l'empire étaient colportées ; des conseils généraux exprimèrent le vœu, les uns que le pouvoir fût consolidé, les autres que la dignité d'empereur prît place dans la constitution.

On ne peut contester ni l'habileté avec laquelle l'organisation du nouveau régime s'était poursuivie, ni l'art consommé qui présidait à la préparation de son couronnement. Quand le prince jugea les esprits suffisamment prêts, il annonça un voyage à travers la

France et ne dissimula guère que ce voyage était une interrogation. Il partit le 14 septembre pour Lyon, et, dans cette ville, il constata, en vantant les bienfaits du premier empire, que, sur tous les points de son passage, s'était élevé le cri de : *Vive l'Empereur !* Il soulignait ainsi les manifestations au lieu de les écarter ; mais, en même temps, il ne s'en prévalait qu'avec modestie : " Le cri de *vive l'Empereur*, disait-il, est un souvenir qui touche mon cœur, bien plus qu'un espoir qui flatte mon orgueil. " A mesure qu'il s'engagea davantage dans le midi, les acclamations furent plus nourries ; peuple, soldats, clergé, tous se laissaient gagner par l'enthousiasme. Lui, il se montrait surtout soucieux des intérêts religieux ; il se distinguait par ses libéralités aux églises, et, en posant à Marseille la première pierre de la nouvelle cathédrale, il déclara qu'il s'efforçait de défendre et de propager les idées religieuses et que son gouvernement " soutenait la religion pour elle-même ".

On a beaucoup reproché au clergé de s'être rangé aux côtés de Napoléon III ; on a eu tort : sa mission n'est pas de combattre les pouvoirs établis, et si à son adhésion s'est mêlé un peu de lyrisme, comment s'en étonner quand le règne nouveau, à la différence des gouvernements antérieurs, lui promettait protection et faveur et qu'il tenait parole en pourvoyant partout aux besoins religieux, la première et la plus légitime préoccupation des ministres du culte ?

Le 9 octobre, Louis-Napoléon arriva à Bordeaux, et là, dans un discours solennel, après avoir déclaré que " la France semblait vouloir revenir à l'empire ", il

prononça le mot fameux : " L'empire, c'est la paix ! "
Rien ne permet de croire que ce mot ne fût pas sincère.
Le prince avait dit à M. de Montalembert : " Il y a
deux fautes que je ne commettrai pas : c'est de me
brouiller avec l'Angleterre ou avec le Saint-Siège, "
et, en s'exprimant ainsi, il avait paru vouloir écarter
toute guerre de conquête comme toute agression spiri-
tuelle. Mais la fatalité de son pouvoir et la tendance de
ses rêves ne devaient pas s'accommoder de la paix.
Quand, dans un grand pays, on est très avare de liberté,
on ne peut guère l'être de gloire, et bientôt, du reste,
devait surgir, dans l'imagination du prince, la préoccupation de la restauration de nationalités. Quoi qu'il
en soit, le mot fut acclamé comme un programme ;
puis, après l'avoir prononcé, le prince traça à grands
traits les caractères du futur gouvernement impérial,
et il terminait en disant : " Voilà comment je compren-
drais l'empire, si l'empire devait se rétablir. "

Ces prévisions ne manquaient pas de séduction ;
mais, fidèle à sa tactique, Louis-Napoléon ne parlait
que par hypothèse ; il voulait que le titre nouveau
qu'il ambitionnait eût l'effet de lui être imposé par la
nation. Le 16 octobre, il rentrait à Paris ; son retour
fut triomphal ; reçu au bruit du canon et des cloches,
il fut harangué par les autorités, et M. Delangle, président du conseil municipal, lui dit : " La voix du peuple
demande que votre pouvoir s'affermisse, afin que la
stabilité du présent soit la garantie de l'avenir. " Le
lendemain, le *Moniteur* annonçait que " la manifestation
éclatante qui se produit dans toute la France en faveur
du rétablissement de l'empire impose au président le

devoir de consulter le Sénat ". Le 4 novembre, le Sénat votait un sénatus-consulte qui, sauf ratification du suffrage universel, rétablissait l'empire ; un seul membre sur les quatre-vingt-sept présents s'était abstenu ; c'était M. Vieillard, jadis précepteur du prince : peut-être, le connaissant de longue date, redoutait-il de sa part l'abus des prérogatives dont il allait être revêtu.

A ce moment, rien de pareil n'était entrevu par le grand nombre. Aussi pouvait-on compter que la votation populaire serait favorable. Du reste, l'entraînement était presque général ; des légitimistes même étaient éblouis, et il fallut que le comte de Chambord ranimât leur zèle monarchique en leur écrivant : " Ne vous livrez pas à des illusions qui tôt ou tard seraient funestes. Le nouvel empire qu'on vous propose ne saurait être la monarchie tempérée et durable. " Les 20 et 21 novembre, le peuple, réuni dans ses comices, donna à l'empire 7,824,189 voix ; il y eut 253,145 votes négatifs, et 2,062,798 abstentions. Depuis le plébiscite du 20 décembre 1851, le prince avait gagné 400,000 voix. Les détracteurs de parti pris ont contesté la sincérité de ce scrutin ; c'est nier l'évidence. Le mouvement qui portait la France vers Napoléon III était à ce point général, que nulle part on ne pouvait découvrir de traces sérieuses de résistance ou le désir d'un gouvernement différent ; l'élan était peut-être aveugle ; il n'en était pas moins réel.

Le 1er décembre, les corps constitués se rendirent à St-Cloud, et, comme il arrive toujours en pareil cas, il se trouva des thuriféraires qui poussèrent l'adulation jusqu'à ses dernières bornes. M. Billault, président du

Corps législatif, dit à l'Empereur : " La France se livre à vous tout entière. " Napoléon le crut ; s'il s'était défié des retours possibles, il eût suivi une politique moins personnelle ; toutefois, il répondit avec dignité et mesure : " Aidez-moi, messieurs, à asseoir un gouvernement stable qui ait pour bases la religion, la probité, la justice, l'amour des classes souffrantes. "

Il inaugura son règne par des mesures de clémence. Il autorisa les bannis à rentrer en France sous la condition de reconnaître son gouvernement, et il annula les avertissements donnés à la presse. Il accorda de nombreuses distinctions à ses amis et reçut, par contre, du Sénat une liste civile de 25 millions ; puis, profitant de l'espèce de blanc-seing que le pays lui avait remis et incapable de prendre des précautions contre lui-même, il restreignit les attributions déjà si limitées du Corps législatif en obtenant du Sénat un sénatus-consulte qui lui réservait le droit de modifier les tarifs des traités de commerce, ainsi que de décréter souverainement les travaux d'utilité publique et les entreprises d'intérêt général, et qui prescrivait le vote du budget, non plus par chapitres, mais par ministères : les velléités d'indépendance de quelques députés au cours de la dernière session l'avaient effrayé ; c'est pourquoi elles furent brisées.

Quelle allait être l'attitude de l'Europe ? Le Congrès de Vienne avait bien exclu à perpétuité Bonaparte et sa famille du trône de France ; mais la perpétuité n'appartient qu'à Dieu et non à l'homme, et la scène du monde offre l'aspect d'une succession de tableaux changeants ; si les puissances avaient refusé toute relation avec un prince dont le programme était la paix, elles eussent été sans excuse. Aussi les reconnaissances ne se firent pas longtemps attendre. Ce fut un Bourbon, le roi de Naples, qui ouvrit avec empressement la série ; le Roi des Belges ne tarda guère davantage : c'était l'intérêt évident de la Belgique de reconnaître sans hésitation un pouvoir qui semblait solidement établi ; d'ailleurs les rapports de tous les jours entre elle et la France eussent rendu tout délai préjudiciable aux intérêts des deux pays. Puis vint l'Angleterre sous la double influence de ses traditions qui lui font accepter tous les pouvoirs existants et du bon vouloir de lord Malmesbury, ministre des affaires étrangères, un ami des mauvais jours de Louis-Napoléon. La Russie suivit avec quelque humeur, en refusant à l'Empereur la qualification de frère que les souverains se donnent entre eux ; l'Autriche et la Prusse imitèrent la Russie, mais en se servant des formules traditionnelles.

Le nouvel empire ne récoltait donc que des succès, et il n'est pas surprenant que, dès ses débuts, les préoccupations publiques se tournassent vers le mariage du souverain ; on le désirait d'autant plus, qu'on redoutait le prince Napoléon qui avait siégé parmi les montagnards à l'Assemblée législative. Napoléon III était du reste décidé à donner satisfaction au pays, et, tout en consacrant le 26 décembre 1852 le droit héréditaire dans la descendance du roi Jérôme, il avait pris soin de dire : " Nous espérons qu'il nous sera donné de contracter sous la protection divine une alliance qui nous permettra de laisser des héritiers directs." Il manifesta bientôt ses préférences, non sans exciter l'étonnement des champions des usages monarchiques, pour une Espagnole de haute naissance, Mlle de Montijo, chez qui des qualités séductrices se mêlaient à des défauts périlleux. A peine annoncé aux Chambres, le mariage fut célébré ; la cérémonie religieuse eut lieu le 30 janvier en grande pompe, et par là l'empire se trouva de plus en plus consolidé.

De grandes fêtes furent données pour célébrer cet important événement, et à cette occasion les charges de l'ancienne cour impériale furent rétablies. La manne tomba également sur la branche du roi Jérôme, et, pour qu'aucune comparaison désavantageuse ne pût être hasardée, le prince Napoléon fut créé général de division. Tout cela fut à peine critiqué. Aussi bien les malheureux n'étaient pas oubliés ; l'impératrice fut nommée présidente de la Société de charité maternelle ; elle secourut abondamment toutes les misères. De son côté, l'empereur caressait des projets de travaux publics et de remaniements d'impôts ; il annonça, en outre, une prochaine Exposition Universelle où se déploieraient les magnificences de l'industrie et de l'art français. Ces efforts partis de haut provoquèrent une sorte d'enivrement ; on ne songeait qu'à s'amuser et à gagner de l'argent, et on se figurait volontiers que la paix et la sécurité seraient éternelles.

CHAPITRE II.

LA GUERRE AVEC LA RUSSIE. — LE TRAITÉ DE PAIX DE
PARIS. — SITUATION INTÉRIEURE DE 1852 A 1858.

I.

Les prévisions des hommes sont toujours courtes
comme leur sagesse. Au moment même où l'on croyait
que le rêve du bon abbé de St-Pierre se réalisait,
s'ouvrait la question d'Orient.

La conquête de Constantinople était pour les Russes,
depuis des siècles, un sujet d'hypnotisation : ce n'est
pas seulement l'ambition qui les y portait, ils étaient
convaincus que leur mission consistait à réunir sous le
sceptre du Czar tous les croyants de la religion dite
orthodoxe. Parfois, contraints par les circonstances, ils
s'étaient recueillis; mais toujours, les yeux fixés sur cet
espoir, ils épiaient l'heure favorable. En 1853, des
difficultés ayant surgi entre Latins et Grecs au sujet
des Lieux-Saints, l'empereur Nicolas envoya à la Porte
en ambassade extraordinaire le prince Menschikoff.
L'appareil inusité que revêtit cette ambassade fastueuse
révélait à lui seul le dessein qu'elle couvrait ; mais le

prince ne s'expliqua pas dès l'abord clairement et ce ne fut qu'après de longs préliminaires, qu'il soumit à la Porte un traité par lequel elle s'engagerait vis-à-vis de la Russie à maintenir à perpétuité tous les privilèges des chrétiens-grecs d'Orient. La Porte vit le piège ; on voulait lui faire souscrire son propre vasselage ; elle refusa, et immédiatement après les troupes russes franchirent le Pruth et envahirent les principautés danubiennes. Dès avant cette agression, le péril commun avait provoqué des échanges de vues entre la France et l'Angleterre, et déjà celles-ci avaient envoyé leurs flottes en observation dans la baie de Bésika.

Des négociations furent ouvertes, et comme Napoléon III, tout en ayant le sentiment de la responsabilité de la France, ne s'écartait pas des allures droites et correctes qui convenaient au chef d'un grand État, il ne mérita, pendant leur durée, aucun reproche. Aussi a-t-on pu saluer en elles les derniers jours où la diplomatie française ait recueilli des éloges mérités et où se soit révélée une Europe soucieuse de maintenir les traités et d'assurer l'équilibre des États.

Mais le Czar était trop engagé pour reculer. La destruction de Sinope par la flotte russe souleva une réprobation générale. Lord Palmerston, favorable à une alliance intime avec Napoléon III à la fortune duquel il croyait et dont il possédait la confiance, poussa à la guerre, et bientôt l'accord des deux puissances occidentales fut scellé en même temps que la rupture avec la Russie devint un fait accompli.

On expérimenta ainsi une fois de plus combien la Providence confond les desseins des hommes. Pendant quarante ans, la revanche de Waterloo avait été gravée dans le cœur des Français, et voici que la première guerre faite par l'héritier du vaincu de cette journée fameuse allait être menée de concert avec le vainqueur ! Ce n'est pas que l'entente ne fût justifiée. Quelques-uns s'étonnaient de ce que ces deux grands Etats s'engageassent dans une entreprise difficile pour défendre la Turquie ; mais l'intégrité de la Turquie n'était qu'un point secondaire ; il s'agissait d'empêcher les progrès de l'hégémonie de la Russie sur l'Orient, et ce résultat était assez important pour justifier les sacrifices qui allaient être faits.

A peine les premières troupes françaises et anglaises eurent-elles débarqué en Turquie, que les Russes levèrent le siège de Silistrie et se retirèrent derrière le Pruth. Où, dès lors, les rencontrer et les attendre ? Les puissances alliées se résolurent à les chercher en Crimée où ils possédaient, dans Sébastopol, un grand arsenal au moyen duquel ils prétendaient faire de la Mer Noire une sorte de lac leur appartenant. Certes l'entreprise était laborieuse, téméraire même, et les événements ne tardèrent pas à le faire voir. On croyait à un succès immédiat ; il fut long à conquérir ; à Paris on s'impatientait ; Napoléon imaginait toutes sortes de plans qu'il tâchait d'imposer à ses généraux ; l'attente se prolongeant, il eut la velléité de se rendre sur le théâtre de la guerre. Mais ce n'était qu'à force de persévérance et pas à pas, que le terrain, si bien disputé par Tottleben, pouvait être emporté. Aussi les drapeaux alliés ne furent-ils plantés que le 10 septembre 1855 sur les ruines de Sébastopol, longtemps après les victoires mémorables de l'Alma et d'Inkerman.

Le récit de cette longue et difficile campagne offrirait l'intérêt le plus soutenu : il est impossible dans ces quelques pages de le résumer. Mais il est utile de consigner quelques faits qui se déroulèrent pendant qu'elle se poursuivait.

Dès le 2 décembre 1854, un traité se concluait entre l'Autriche, l'Angleterre et la France en vue des concessions à obtenir de la Russie. L'Autriche n'avait pas promis formellement sa participation aux hostilités ; mais elle se montrait aussi ardente que les puissances occidentales pour obliger le Czar à souscrire à quatre points : l'indépendance de la Turquie, la liberté de la navigation du Danube, la renonciation de la Russie à tout patronage exclusif sur les sujets chrétiens de la Porte, le protectorat collectif des puissances sur les provinces danubiennes substitué au patronage du Czar. Ce traité constituait un nouveau succès pour Napoléon III ; il impliquait la rupture de la Ste-Alliance et provoqua contre l'entrée en scène de l'Autriche de grandes colères à St-Pétersbourg. Enfin les quatre points furent acceptés comme bases des négociations ; mais celles-ci échouèrent sur une question d'application : le régime de la Mer Noire. Les puissances occidentales auraient voulu la neutralisation complète de cette mer ; l'Autriche ne réclamait que la limitation des forces russes pouvant y être concentrées ; la Russie tergiversa et finalement n'accéda à rien. Par suite, les négociations furent rompues, et le rôle de l'Autriche cessa : elle n'avait pas complètement satisfait la France et l'Angleterre, et elle avait ulcéré la Russie qui se rappelait avec amertume les services rendus en Hongrie, peu d'années auparavant. Un seul résultat demeurait et il était capital pour Napoléon III : l'Europe de 1815 n'existait plus. Au milieu de ces négociations, l'empereur Nicolas était mort brusquement le 2 mars 1855 ; il n'avait pu supporter plus longtemps les atteintes portées à son prestige, les blessures faites à son orgueil; les revers l'avaient terrassé.

Les efforts d'entente entre le cabinet de Vienne d'une part et les cabinets de Paris et de Londres d'autre part avaient été contrariés par un fait absolument inattendu et dont les conséquences éloignées ne pouvaient être que grosses. Au commencement de 1855, le Piémont avait accédé à l'alliance occidentale et s'était engagé à envoyer 15,000 hommes en Crimée. Aucune raison, même apparente, n'avait amené cette intervention, sur laquelle je reviendrai plus loin ; le Piémont n'était qu'un petit État; il n'avait pas d'injure à venger, et le rôle qu'il acceptait ne pouvait s'expliquer que comme une entrée de jeu. A Turin gouvernait un ministre habile et audacieux ; il comptait bien retirer pour son pays un avantage, dont peut-être il ne mesurait pas encore toute la portée, des sacrifices d'hommes et d'argent auxquels il avait consenti. L'avenir apprit qu'il ne s'était pas trompé. Mais Napoléon III avait-il un plan arrêté au sujet des affaires italiennes ? Personne, je crois, à cette heure n'avait percé sa pensée. Toutefois il est difficile de ne pas reconnaître que de ce moment date la politique double qui devait le perdre. A Vienne, il recherchait l'alliance autrichienne, et M. Drouin de l'Huys tenait à M. de Buol le langage que voici :

" Le grand problème est de dompter la Révolution sans le secours de la Russie et de contenir la Russie sans le secours de la Révolution ; avec l'accord des deux peuples, la solution est trouvée. " Mais à Turin l'empereur négociait avec M. de Cavour, l'ennemi de l'Autriche, et M. de Cavour devait être pour lui l'allié révolutionnaire qui rendait l'alliance autrichienne impossible. Tout cela ne fut pas nettement discerné en 1855 ; mais tout cela devint plus clair dans la suite.

Pendant qu'on se battait sur le sol de la Crimée et qu'à Turin comme à Vienne la diplomatie multipliait ses combinaisons, s'était ouverte à Paris une Exposition universelle. Le contraste était saisissant : là-bas la guerre déchaînait ses fureurs ; ici s'étalaient les merveilles de la paix. Mais le second empire tenait à éblouir ; du reste la fortune ne lui ménageait pas ses complaisances ; il tenait à en profiter, et ce ne fut pas pour lui une victoire peu importante que le voyage de la reine Victoria et du prince Albert, qui lui rendirent à Paris la visite faite à Windsor. C'est au milieu des fêtes de cette grande solennité industrielle que l'on apprit la chute de Sébastopol. L'allégresse fut immense. Mais en même temps on se demandait, non sans inquiétude, si la guerre était terminée. En clôturant l'Exposition le 15 novembre, Napoleon III émit l'espoir " d'une paix prompte et durable ". A Londres, les dispositions étaient moins pacifiques ; mais on se prit à réfléchir, lorsque l'empereur donna à entendre que, " si la guerre se prolongeait, il faudrait lui donner un but plus national ", et alors, par moments, en demeurant dans un certain vague, il parlait de l'Italie, de la Pologne, des bords du Rhin. Il tenait un langage analogue à M. de Pfordten, premier ministre de Bavière : " Je désire la paix, lui disait-il ; si la Russie consent à la neutralisation de la Mer Noire, je la ferai malgré les objections de l'Angleterre ; mais si au printemps on n'arrivait pas à s'entendre, je ferais appel aux nationalités, notamment à la nationalité polonaise. "

Ces perspectives n'étaient guères rassurantes ; elles révélaient ce qui pouvait sortir de l'intimité piémontaise. Sur ces entrefaites, Kars étant tombé aux mains de la Russie lui rendait une négociation de paix plus facile. L'Autriche intervint de nouveau, reprit les quatre points du traité du 2 décembre 1854 et y ajouta une légère rectification de frontières en Moldavie, ainsi que le droit pour la France et l'Angleterre de formuler quelques conditions supplémentaires dans l'intérêt européen. Bref, les instances et les avertissements de prudence venant de partout, le cabinet de St-Pétersbourg, d'abord hostile à une partie des propositions autrichiennes, finit par les accepter sans réserve. Elles devaient servir de point de départ aux délibérations d'un Congrès dont le siège fut fixé à Paris : vainqueurs et vaincus semblaient reconnaître ainsi la prépondérance de Napoléon III.

A peine les diplomates furent-ils réunis, qu'il y eut entre eux une sorte d'émulation pour conquérir les suffrages de l'empereur, devenu l'arbitre de l'Europe ; quant à lui, gracieux et hospitalier envers tous, il inclinait visiblement vers la Russie.

Les travaux du Congrès approchaient de leur terme,

lorsque le 16 mars 1856 l'impératrice mit au monde un fils. Rien ne manquait à la fortune de Napoléon III ; l'avenir de sa dynastie semblait désormais assuré, et une paix qui grandissait sa situation personnelle allait clore une guerre victorieuse. Quelques jours après la naissance du prince impérial, le 30 mars, les plénipotentiaires se rendirent aux Tuileries pour annoncer à l'empereur la signature du traité de paix. Napoléon les remercia, et il se félicita surtout de ce que la paix n'infligeait à la Russie aucune humiliation. Certes le traité était modéré ; cependant, en ressuscitant la nationalité roumaine, il avait créé un obstacle aux projets séculaires d'envahissement formés par la Russie, obstacle venant cette fois, non plus des Turcs, mais des chrétiens dont celle-ci avait toujours eu la prétention d'être la protectrice dévouée ; il avait eu un autre mérite, celui de maintenir l'équilibre européen tel qu'il subsistait depuis 40 ans ; de plus, en groupant les grands États autour de la France à la suite de ses victoires, il l'avait relevée de l'espèce d'infériorité à laquelle les traités de 1815 l'avaient momentanément réduite.

Napoléon était arrivé à l'apogée de sa puissance ; il recherchait encore l'aide morale du Souverain-Pontife ; le fils que la Providence lui avait donné avait été tenu sur les fonts baptismaux par le Cardinal Patrizi au nom de Pie IX ; et peut-être l'heure de la déchéance n'eût-elle pas sonné pour lui, si des desseins funestes, dont les traces se rencontrent déjà dans les pages qui précèdent, n'avaient pas, dès cette époque, pris possession de son esprit. On s'en aperçut avant même que le Congrès se séparât.

Après avoir arrêté les articles de la paix, les pléni-potentiaires continuèrent à siéger pour arrêter quelques principes de droit international. C'est alors, le 8 avril, que tout à coup le comte Walewski, président du Congrès, invita ses collègues à échanger leurs idées sur divers sujets. Il parla d'abord de la Grèce, et après avoir signalé la condition anormale des Etats romains, il finit par flétrir les excès de la presse belge.

Que ces excès fussent réels, on ne peut le contester. Mais y avait-il possibilité de les réprimer ou utilité à le faire ? Lord Clarendon prit en mains la défense de la Belgique, et aucune démarche pratique ne fut proposée auprès du gouvernement incriminé. Il n'est pas douteux pourtant que cette attaque, se produisant inopinément et sans que l'Etat intéressé fût appelé à s'expliquer, dénotait une certaine malveillance et le désir de s'armer de griefs.

Bien plus grande encore était la signification de la dénonciation dirigée contre les Etats romains. Celle-ci marquait le but à atteindre : c'était le rappel prochain des troupes françaises et autrichiennes ; et, comme pour révéler que, dans la pensée du gouvernement français, il y avait non pas seulement une question romaine, mais une question italienne, le comte Walewski se livra à une assez longue critique du gouvernement nopolitain, dont cependant le souverain avait le premier reconnu Napoléon III. Tout le monde comprit alors le secret de l'accession de Piémont à l'alliance des puis-sances occidentales durant la guerre de Crimée. Aussi M. de Cavour, parlant après le comte Walewski, accentua les accusations contre les Etats italiens ([1]). Les autres plénipotentiaires, un peu ahuris, semble-t-il, d'une si brusque initiative, évitèrent, à l'exception de lord Clarendon, de se prononcer d'une manière positive. Il est douteux, d'ailleurs, qu'ils se rendissent compte de la gravité de l'incident ; peut-être aussi Napoléon n'avait-il pas de plan arrêté ; mais au moins faut-il reconnaître qu'un travail se faisait dans son âme méditative.

Le protocole de la séance du 8 avril mentionne qu'en résumant l'échange des vues qui s'était produit le comte Walewski constata entre autres points... " 2° que les plénipotentiaires de l'Autriche se sont associés au vœu exprimé par les plénipotentiaires de France de voir les Etats pontificaux évacués par les troupes françaises et autrichiennes aussitôt que faire se pourra, sans inconvénient pour la tranquillité du pays et pour la consolidation de l'autorité du St-Siège ; 3° que la plupart des plénipotentiaires n'ont pas contesté l'efficacité qu'auraient des mesures de clémence prises d'une manière opportune par les gouvernements de la Péninsule italienne et surtout par celui des Deux-Siciles ; 4° que tous les plénipotentiaires, et même ceux qui ont cru devoir réserver le principe de la liberté de la presse, n'ont pas hésité à flétrir hautement les excès auxquels les journaux belges se livrent impunément, en reconnaissant la nécessité de remédier aux inconvénients

---

(1) Au lendemain du Congrès de Paris, le 16 avril, le comte de Cavour adressa un memorandum aux Cabinets de Paris et de Londres pour les inviter à pourvoir à la situation de l'Italie. Mais le problème n'était pas encore mûr.

réels qui résultent de la licence effrénée dont il est fait
un si grand abus en Belgique... ''

Il eût été impossible de le contester : des questions
nouvelles et inattendues se trouvaient ainsi, par le fait
de l'empereur Napoléon, posées devant l'Europe. Près
de trois années devaient s'écouler avant que certaines
d'entre elles prissent une tournure alarmante, et il convient dès lors, avant d'en retracer le développement, de
dire ce que fut pendant cette période le gouvernement
intérieur de la France.

II.

La préoccupation de Napoléon III de 1852 à 1857
fut manifestement de fortifier de plus en plus son
autorité et de donner à croire que toute initiative,
toute amélioration, dans l'ordre économique comme
dans l'ordre politique, devait dériver de son impulsion souveraine. D'une part, les bureaux des conseils
généraux et des conseils d'arrondissement furent
remis à la nomination de l'empereur ; d'autre part,
le choix des maires fut attribué, suivant l'importance
des localités, au gouvernement ou au préfet. En
outre, les institutions de bienfaisance furent encoura-
gées ; on établit de divers côtés des cités ouvrières ;
on perfectionna l'assistance publique ; on ouvrit des
asiles pour les invalides de l'industrie. Une grande
impulsion fut imprimée aux travaux publics ; des
concessions de chemins de fer furent accordées et
des lignes de transport transatlantiques subsidiées ;

le code Napoléon fut revisé dans plusieurs de ses parties ; la transportation fut substituée aux bagnes.

Le Corps législatif était fort effacé dans une période où l'empereur, secondé par des auxiliaires dévoués, soutenu par les brises de la fortune, marchant d'un pas assuré dans les voies les plus diverses, apparaissait comme suffisant à tout. Ses membres trouvaient bien que le système de compression qui dominait était un peu excessif ; ils auraient désiré l'atténuer à leur profit ; mais ils n'entendaient pas s'ériger en opposition ; et quand M. de Montalembert parlait, l'âpreté de ses censures leur causait un véritable malaise. Vers la fin de 1854, le comte de Morny, à qui l'empereur venait de conférer la présidence du Corps législatif, lui donna un certain relief. Sa grande position personnelle rehaussa celle de la Chambre, au moins dans les apparences ; il excellait à attirer les uns et à rebuter les autres et il insinuait qu'avec le temps l'assemblée verrait ses attributions s'étendre ; l'espérance calmait les plus impatients.

C'est ainsi que s'écoulèrent les beaux jours du second empire. Ils ne furent pas exempts de calamités ; mais la munificence de l'empereur cherchait à en corriger les effets, et d'ailleurs on suscitait l'étourdissement en multipliant les démonstrations fastueuses, les fêtes publiques, les dépenses bruyantes, en favorisant l'étalage de la richesse, en poussant aux opérations de bourse et à l'éclosion des affaires nouvelles. La moralité publique ne trouvait guère son compte dans ce déploiement de toutes les jouissances. Mais combien n'étaient pas séduits par l'éclat un peu factice de cette vie mondaine ! La Cour des Tuileries donnait le ton, et comme dans l'entourage de l'empereur les convoitises ne connaissaient pas de frein, en même temps qu'on s'y livrait à une sorte de carnaval perpétuel, de haut en bas on ne songea plus qu'à gagner de l'argent et à s'amuser. Ce n'est pas que les misérables fussent oubliés ; mais on les secourait en se délassant : " Mondanité et charité, a constaté M. de la Gorce, flirtation et dévotion, luxe et bienfaisance, hospices et théâtres, toilettes de bal et layettes d'enfants pauvres, tout se mêlait en ces âmes un peu folles, mais compatissantes, en sorte qu'il n'était pas de plaisir qui n'eût la prétention d'être une bonne œuvre, ni de bonne œuvre qui ne se dorât sous un plaisir."

La curiosité parisienne était séduite par tous ces spectacles ; elle ne l'était pas moins par l'œuvre de la transformation de Paris qu'opéra M. Haussmann. Cette transformation était réclamée à la fois par les besoins de l'hygiène publique et par le nécessité de faire disparaître les repaires traditionnels des séditions. Elle lésa certains intérêts ; elle fit hausser les loyers, mais par contre elle satisfit les expropriés ; et comme le Louvre s'achevait, que l'hôtel de ville se dégageait, que des halles étaient érigées, que le Bois de Boulogne devenait un superbe parc de plaisance et que de larges voies faisaient circuler partout l'air et la lumière, l'impression dominante était favorable, et l'empire en recueillait les bénéfices. Pourquoi fallut-il que l'art restât étranger aux combinaisons de M. Haussmann ? Rien n'est plus banal, rien ne lasse plus la vue, que ces longues rues droites, bordées de hautes maisons uniformes ; dès les premiers pas, on les a vues dans toute leur étendue, et plus on s'y engage, plus on se sent gagné par la fatigue et le désenchantement.

L'empereur, témoin des résultats considérables qu'il avait atteints en si peu de temps, y trouvait un sujet d'orgueil ; il ne manquait pas de s'en prévaloir, et en ouvrant la session du Corps législatif le 16 février 1857, il rappela, en les appliquant au présent, ces paroles de M. Thiers relatives au Consulat : " La satisfaction était partout, et quiconque n'avait pas dans le cœur les mauvaises passions des partis était heureux du bonheur public. " Seulement, Napoléon III oubliait que les fautes du premier empire avaient détruit ce bonheur ; au lieu de profiter de la leçon, il devait à son tour démolir de ses propres mains l'édifice, si solide qu'il parût, que les circonstances lui avaient permis de constituer.

A ce moment, l'opposition n'existait pour ainsi dire plus. D'où serait-elle venue ?

Des républicains ? Leurs chefs étaient à l'étranger, partagés entre deux foyers d'émigration, la Belgique et la Grande-Bretagne.

A Bruxelles, les républicains proscrits colportaient leurs colères et leurs invectives contre l'empire ; ils inspiraient certains journaux ; ils tâchaient de faire passer leurs brochures en France. Bien que leur impuissance fût indéniable, le gouvernement français s'alarma maintes fois de leurs menées ; l'écho de ses plaintes retentit au Congrès de Paris. Certaines mesures furent prises, qui témoignèrent du bon vouloir du cabinet belge ; mais, en somme, la constitution ne permettait pas de porter contre la presse des dispositions préventives. Ce n'est pas que la présence des proscrits en Belgique ait été utile à ce pays ; leur influence a été au contraire de tous points néfaste ; ils nouèrent des relations dans le monde libéral ; plusieurs ouvrirent des cours publics et donnèrent des conférences ; d'autres furent parmi les initiateurs de la Ligue de l'enseignement, des sociétés de solidaires, des mariages purement civils, et l'on peut affirmer qu'au moins dans les grandes villes ils contribuèrent à faire dévier l'esprit public.

A Londres, les réfugiés végétaient dans une irritation plus grande encore qu'à Bruxelles ; la vie y était cher ; l'obstacle de la langue se dressait partout devant eux, et le peuple anglais ne leur prodiguait pas ses sympathies. Ils se livraient de temps à autre à des manifestations stériles ; mais, en somme, ils étaient malheureux. Dans leur détresse, ils faisaient volontiers appel à Ledru-Rollin, à Louis Blanc et à Victor Hugo ; mais ceux-ci ne goûtaient pas leurs importunités, et Victor Hugo ne tarda pas à se transporter à Jersey : là il se sentait mieux protégé contre les appels des autres réfugiés ; de loin en loin, il y répondait par une lettre qu'il croyait sensationnelle ; mais de secours, point : son amour de l'humanité n'allait pas jusque-là.

En France, le parti républicain était dans un état de prostration complète ; aux prises avec l'hostilité de l'administration, de l'armée et de la magistrature, il ne pouvait chercher une revanche dans l'usage de la liberté de la presse qui n'existait plus ou de la liberté d'association qui existait moins que jamais. A la vérité, on lui laissa un journal, *le Siècle*. Mais le rôle de ce journal était bien singulier ; suivant les circonstances, il attaquait ou il servait le gouvernement : il l'attaquait dans sa politique autoritaire ; il le servait, quand l'empereur croyait avoir intérêt à desserrer un peu son alliance avec les catholiques ; alors il se posait en champion des conquêtes modernes contre les prétentions de l'ultramontanisme, et l'on put se demander souvent si, dans les deux cas, M. Havin, son directeur, n'était pas un compère ; car les attaques que le pouvoir conservait toujours le droit d'arrêter fournissaient à l'empire un prétexte pour soutenir que la liberté n'était pas morte.

Dans ces conditions, *le Siècle* ne pouvait suffire à reconstituer le parti républicain. Les membres en vue de ce parti se réfugièrent dans les professions privées, et ce ne fut plus que dans les bas-fonds sociaux que des projets révolutionnaires étaient encore caressés et qu'une certaine fermentation était entretenue. Quelques complots furent bien préparés, mais ils furent découverts ; quelques attentats isolés furent tentés, mais ils ne réussirent pas. Cependant, parmi eux, il convient de mentionner celui d'un italien, Pianori, qui tira sur l'empereur aux Champs-Elysées le 28 avril 1855. En mourant, Pianori dit : " J'ai agi de la sorte, parce que l'empereur a fait la campagne de Rome et a ruiné mon pays. " Ces paroles doivent être retenues ; peut-être ne furent-elles pas perdues pour Napoléon III, d'autant plus qu'à partir de ce moment les rapports de police laissèrent pressentir que l'assassin aurait des imitateurs parmi ses compatriotes.

Les légitimistes, eux aussi, étaient réduits à l'inaction, moins par l'effet de la situation générale que par la volonté du comte de Chambord. Après 1848, ils étaient rentrés dans les fonctions publiques et ils avaient çà et là reconquis une influence sérieuse. Fallait-il changer de voie ? Un ordre le leur prescrivit. A partir de ce moment, la direction du prince exilé pesa de plus en plus sur eux. C'était un noble cœur et un esprit élevé que le comte de Chambord. Mais, vivant dans l'exil, loin des hommes et des choses, il avait pris l'habitude de vouloir plier le monde à ses conceptions et de commander en maître autour de lui ; le respect dû au malheur avait fait petit à petit que nul ne songeait à lui résister. Il arriva de là que les royalistes, bien que formant une des portions les plus saines du pays, se mirent à l'écart, livrant toutes les fonctions, tous les mandats électifs à l'empire. Quelques-uns se rapprochèrent cependant, et MM. de la Rochejaquelein et de Pastoret furent nommés sénateurs ; mais la masse obéit au mot d'ordre. L'organisation du parti légitimiste ne subsista plus désormais que sur le papier ; les fidèles se rendaient bien tour à tour à Frohsdorf, mais ce n'était que pour en rapporter des recommandations impérieuses, aboutissant toutes à l'abstention. " Nous nous croyions, a dit depuis l'un d'eux, des agents politiques. Hélas ! nous n'étions que des pigeons voyageurs." Ainsi s'annihila le parti royaliste ; ainsi fut perdue pour la France une de ses meilleures forces.

Napoléon III lui aurait volontiers fait des avances, et il s'attachait à le ménager. Mais il ne traitait pas de même les orléanistes ; il voyait en eux des ennemis irréconciliables. Est-ce parce qu'il se défiait de l'attraction que pouvait exercer une pléiade de princes, jeunes encore, pleins de talents et d'un tempérament bien français ? Est-ce parce que ceux-ci représentaient un régime politique qui était l'antithèse du système impérial ? Toujours est-il qu'il les détestait. Cependant, bien involontairement sans doute, ils servirent vers ce temps ses desseins. Des projets de fusion ayant été agités entre les deux branches de la maison de Bourbon, l'opposition vint surtout des exigences des princes d'Orléans ; le comte de Chambord eût désiré une reconnaissance pure et simple de ses droits ; les princes d'Orléans visaient une transaction ; puis ils entendaient maintenir le drapeau tricolore ; enfin, la duchesse d'Orléans ne se montra pas disposée à sacrifier les intérêts de ses fils ; bref, la désunion qui continuait ainsi à sévir dans la dynastie rivale ne pouvait que tourner à l'avantage de l'empereur.

Que devenaient, dans ce désarroi général, les hommes d'élite encore nombreux que comptait la France : grands parlementaires, MM. Guizot, de Broglie, Molé, Thiers, de Montalembert, Berryer, de Falloux ; hommes d'œuvres ou littérateurs : MM. Cochin, de Corcelle, de Melun, Villemain, Cousin, Vitet, St-Marc Girardin ? Ils se voyaient ; ils entretenaient parmi eux l'amour de la liberté ; quelques-uns s'occupaient d'affaires privées sur lesquelles reposaient de grands intérêts : " cela trompe la faim, " disait M. Cochin. Mais ils n'étaient rien ; ils n'exerçaient aucune influence sur la direction de la chose publique : c'est tout au plus si quelques-uns d'entre eux conservaient un organe, le *Journal des Débats*, et une tribune qui s'ouvrait de loin en loin, l'Académie française.

Le Journal des Débats cherchait avant tout à subsister ; ne pouvant faire une opposition directe, il imagina l'opposition par prétérition, pour y substituer quelque temps après, grâce à la plume de Prévost-Paradol, l'opposition par allusions. Il reproduisait avec éloge les débats des Chambres étrangères ; il louait à l'occasion d'anciens parlementaires ; il lui arrivait même de mettre en vedette les noms des princes d'Orléans ; mais il ne croyait pas pouvoir aller plus loin, et l'on conçoit dès lors qu'il ait eu peu d'écho. La tribune de l'Académie française eut plus de retentissement ; les anciens parlementaires réussirent à s'introduire successivement dans ce cénacle : ce furent M. de Montalembert, Mgr Dupanloup, M. Berryer, M. de Sacy, le duc de Broglie, M. de Falloux ; les séances de réception constituaient de vrais régals politiques. Cependant l'écho ne s'en prolongeait guère au delà d'un petit cercle d'esprits fins et lettrés. C'était encore trop pour le pouvoir ; on assure qu'il agita des projets de reconstitution de l'Académie ; mais l'empereur, étant personnellement assez débonnaire, n'y donna pas suite ; il reçut même avec courtoisie le duc de Broglie, qui ne lui avait pas ménagé les traits malins, et il se contenta de lui dire : " Je souhaite, monsieur le duc, que votre petit-fils parle du 2 décembre comme vous avez parlé du 18 brumaire."

En somme, ce mouvement était assez inoffensif ; il n'y avait parmi ceux qui l'entretenaient ni plan ni programme, et ils seraient d'autant moins parvenus à en arrêter, que toute l'armée catholique était encore rangée autour de Napoléon III.

III.

L'empereur s'était, dès les premiers jours de son avènement, posé en protecteur des intérêts catholiques, et ses actes furent en harmonie avec ses promesses. Des circulaires recommandèrent l'observation du repos dominical ; des églises en grand nombre furent édifiées ou restaurées ; des libéralités furent faites au culte ; les ordres religieux purent se recruter et se propager librement ; les évêques se rendirent à Rome et correspondirent avec le St-Siège sans entraves ; on ne leur contesta plus le droit de réunir des conciles ; des avantages matériels divers furent octroyés au clergé ; le Panthéon redevint l'église de Ste-Geneviève ; le service de l'aumônerie fut bien organisé lors de la guerre d'Orient ; et lorsqu'on songe qu'en France plus qu'ailleurs tout exemple venant de haut trouve des imitateurs, on conçoit combien l'Eglise avait lieu d'être reconnaissante au souverain du respect qu'il témoignait à la religion et de la bienveillance dont il faisait preuve vis-à-vis du clergé. Cette reconnaissance, elle saisissait toutes les occasions de l'épancher, et, comme la mesure est une vertu exceptionnelle, il ne manqua pas de dignitaires du clergé qui comparèrent Napoléon III à Constantin, à Charlemagne et à St-Louis.

L'illusion était si forte, que des adulateurs se flattèrent d'obtenir de lui quelques concessions sérieuses, l'abolition ou la revision des articles organiques, une modification aux lois sur le mariage, en tant qu'elles jugeaient le mariage civil suffisant au regard de la société politique, enfin le retour complet à une loi de 1814, qui avait interdit le travail public le dimanche. Les instances ne furent pas repoussées formellement ; mais elles n'aboutirent pas ; il est vraisemblable que l'empereur était peu porté à y déférer, et d'ailleurs, il avait autour de lui tout un monde, le prince Napoléon, M. de Persigny, M. Piétri, les légistes, qui se montraient hostiles à toute concession au clergé ; bien plus, des modifications dans un sens favorable à la centralisation furent apportées à la loi de 1850 sur l'enseignement secondaire. Peut-être, du reste, les négociations eussent-elles eu un meilleur résultat sur quelques points, si le pape Pie IX avait consenti à venir sacrer Napoléon III. Mgr de Bonnechose et Mgr de Ségur furent successivement chargés de pressentir à cet égard le St Père. Il ne refusa pas ; mais il désirait au préalable que la revision de certains articles organiques lui fût accordée : " tel de ces articles, disait-il, est un soufflet pour moi. " Les choses traînèrent en longueur, et comme le sacre ne se comprend plus guère après plusieurs années de règne et que, dans l'intervalle, la guerre d'Orient était survenue, les pourparlers prirent fin.

Tous ces incidents furent peu connus des catholiques, qui, d'ailleurs, étaient absorbés à ce moment par des dissensions intestines. Dieu me garde de vouloir raviver des querelles heureusement éteintes ! Il est cependant impossible de parler de ce temps, sans en toucher quelques mots. Les dissentiments rangèrent d'un côté M. Louis Veuillot et son journal, *l'Univers*, de l'autre tous les catholiques de marque : M. de Montalembert, le P. Lacordaire, M. de Falloux, le prince Albert de Broglie, Mgr Dupanloup, MM. Cochin, Lenormant, Foisset, de Melun, de Corcelle et bien d'autres. Ils furent singulièrement envenimés par les attaques personnelles. Louis Veuillot se distinguait par sa foi vive, son talent de polémiste, son mépris du respect humain ; mais il ne ménageait pas les violences contre les personnes ; le P. de Ravignan en était ému et il disait à M. de Falloux : " Oui, c'est vous qui après Dieu avez rendu à l'Eglise une de ses plus chères libertés, et il ne faudrait pas qu'on l'oubliât jamais. "

Au fond, le différend portait sur les avantages des divers régimes politiques. Louis Veuillot vantait les mérites du régime impérial ; il le couvrait de ses encensements ; il se montrait, après avoir défendu avec passion la démocratie, l'antagoniste irréconciliable de la liberté ; il raillait les vaincus du jour. Le gant fut relevé par M. de Montalembert dans son écrit célèbre : *Les intérêts catholiques au XIXe siècle* ; par M. de Falloux, qui retraça l'histoire du *Parti catholique*, et par *le Correspondant*, qui, en se reconstituant, devint l'organe des catholiques parlementaires. Malheureusement, on transforma en une question de théorie une question de fait ; si l'on avait examiné au point de vue des nécessités seules du xixe siècle les bienfaits ou les inconvénients de la liberté, il est permis de croire que les controverses eussent été moins vives. Mais on suscita les équivoques à plaisir, et c'est d'elles que naquit la querelle du catholicisme-libéral qui, pendant vingt ans, devait mettre aux prises les catholiques au delà même des frontières de France. Quand, aujourd'hui, on se reporte à ces démêlés, on a peine à se rendre compte de l'importance qu'ils prirent et de l'aigreur qui les domina. Mais cette page d'histoire renferme une leçon : elle doit apprendre aux catholiques qu'ils ne doivent pas s'exalter à propos de questions secondaires, étrangères à leurs devoirs fondamentaux ; en le faisant, ils s'affaiblissent et perdent de vue la défense des points essentiels, menacés par la coalition des haines antireligieuses et antisociales. Chose triste à dire : les dissensions survécurent à la guerre d'Italie ; elles se prolongèrent pendant plusieurs années ; puis, comme beaucoup de disputes humaines, elles s'évanouirent en fumée.

En dépit de ces divisions, les œuvres chrétiennes, loin de chômer, se développaient. Grâce à la loi de 1850, que M. Louis Veuillot avait inconsidérément attaquée, les établissements d'instruction catholiques surgirent comme de terre ; les collèges de jésuites se multiplièrent et le P. Lacordaire restaura l'école fameuse de Sorèze. La Société de St Vincent de Paul étendit de plus en plus son réseau bienfaisant, et l'on vit naître de toutes parts les maisons de charité, les salles d'asile, les crèches, les refuges des Petites-Sœurs des pauvres. A la tête de ces œuvres figuraient des noms demeurés justement chers aux catholiques : Ozanam, qui, hélas ! disparut trop tôt, MM. de Melun, Ad. Baudon, Cornudet, Cochin, Mgr de Ségur ; et parmi leurs inspirateurs, comment ne pas rappeler le souvenir de deux femmes d'élite, l'une, Mme de Swetchine, dont les séductions élevées répandirent autour d'elle une fécondité salutaire ; l'autre, la Sœur Rosalie, dont le cœur incomparable aimait à faire partager ses trésors aux pauvres comme aux riches, aux pauvres surtout du faubourg St-Marceau, et qui savait engendrer de saintes émulations ? De ces deux femmes, la Sœur Rosalie mourut la première, en 1856 ; le P. de Ravignan la suivit bientôt dans la tombe ; beaucoup d'autres, parmi les noms que je viens de rappeler, succombèrent tour à tour ; ils n'ont guère été remplacés, et la disette dont souffre la France augmente l'âpre plaisir que l'on éprouve à vivre par la pensée dans la société de tant d'âmes de choix.

Dans les lignes qui précèdent, je n'ai pas quitté les sommets de la société catholique. La masse des fidèles restait fort attachée au gouvernement impérial ; elle s'étonna parfois, à partir de 1857, de la licence des journaux antireligieux, des éloges que la presse officielle décernait au Piémont et des critiques acerbes qu'elle déversait sur l'État pontifical ; mais elle n'entrevoyait même pas la possibilité d'une rupture. Aussi quand la famille impériale fit en 1858 le pèlerinage de Ste-Anne d'Auray et signala son passage en Bretagne par des actes de munificence pour les besoins religieux, elle fut acclamée par les populations que conduisaient leurs curés, et on entendit à Rennes l'évêque du diocèse payer à l'empereur ce tribut de gratitude : " A vous, sire, l'héritier des restaurateurs de notre société religieuse, à vous, le soutien de la papauté au XIXe siècle, à vous, de tous les monarques français, depuis St-Louis, le plus dévoué à l'Église et à son œuvre de civilisation et de progrès. "

Hélas ! ces jours devaient être les derniers. L'alliance

de l'empire et des intérêts religieux semblait indissoluble ; elle était au contraire à la veille de subir de graves atteintes. Un mois avant le pèlerinage breton, Napoléon s'était rendu à Plombières, et il y avait rencontré le comte de Cavour. Mais n'anticipons pas.

IV.

L'année 1857 amena le renouvellement du Corps législatif. Il ne pouvait y avoir de doute sur les résultats de cette consultation. Néanmoins, jamais la candidature officielle ne fut plus énergiquement soutenue ; le préfet de la Dordogne, par exemple, mandait aux électeurs : " Le gouvernement veut le triomphe de ses candidats, comme Dieu veut le triomphe du bien, en laissant à chacun la liberté du mal. " M. de Montalembert ne trouva pas grâce devant lui ; il ne recueillit que 4.078 voix sur 29.022 votants : c'est une des tentations et aussi un des torts des gouvernements momentanément très forts de repousser toute voix indépendante et d'écarter le contrôle, même le plus désintéressé. Partout les candidats de l'administration furent élus, sauf à Paris, où cinq opposants l'emportèrent : MM. Carnot, Goudchaux, Cavaignac, Darimon et Emile Ollivier, ainsi qu'à Bordeaux et à Lyon, qui choisirent l'un et l'autre des candidats de l'opinion démocratique : MM. Curé et Hénon. M. Cavaignac étant mort, MM. Carnot et Goudchaux ayant refusé le serment, Paris nomma deux candidats de l'opposition sur trois : MM. Jules Favre et Ernest Picard. Ceux-ci, unis à MM. Hénon, Darimon et Ollivier, formèrent le parti des cinq : ce fut désormais l'opposition républicaine qui devait successivement grandir et soulever l'opinion contre l'empire. Mais l'heure n'était pas encore venue où cette opposition était à même d'exercer une influence sérieuse ; les masses restaient froides à son endroit ; les intérêts matériels constituaient toujours la préoccupation dominante, et beaucoup de ceux qui cherchaient des distractions dans les lettres se laissaient séduire par le poison de la littérature réaliste, dont les spécimens les plus lus furent *Mme Bovary* de Gustave Flaubert et les *Fleurs du mal* de Baudelaire.

Au milieu de cette tranquillité, qui n'excluait malheureusement pas le développement de la corruption, deux complots contre l'Empereur se succédèrent à quelques mois d'intervalle ; tous deux étaient organisés par des Italiens, et, rapprochés de l'attentat Pianori, ils semblaient indiquer une fermentation croissante parmi les éléments les plus exaltés de cette nation.

Le premier, préparé par Tibaldi, Grilli et Bortolotti, avait été découvert, et il révéla la complicité de Mazzini ; le second eut des effets autrement graves : c'est l'attentat d'Orsini. Si une chose surprend, c'est que la machination ait pu être combinée dans ses détails compliqués sans que la police en eût eu vent. Le 10 janvier 1858, le ministre de France à Bruxelles avait bien mandé qu'un Italien des plus dangereux venait d'arriver à Paris, qu'il était accompagné d'un autre individu et que vraisemblablement ils méditaient quelque complot contre la vie de l'empereur ; mais cette communication n'avait mis sur aucune trace, et les quatre complices purent préparer librement l'exécution de leur sinistre projet.

Le 14 janvier, l'empereur et l'impératrice devaient se rendre à l'Opéra. Orsini crut le moment propice. Il rangea ses trois acolytes et il se plaça lui-même sur le passage des voitures ; chacun était chargé d'une bombe. L'un deux, Pieri, dont la police française avait le signalement, fut reconnu, arrêté, conduit au poste ; on trouva sur lui une bombe, un revolver et un poignard. Une telle découverte aurait dû, semble-t-il, éveiller l'attention ; on eût dû se demander si d'autres conspirateurs ne se trouvaient pas aux abords de l'Opéra ; on n'y songea pas. Et lorsque, à 8 1/2 heures, la voiture des souverains parvint à la hauteur de l'entrée principale du théâtre, trois explosions se succédèrent avec un fracas formidable. La confusion fut sans bornes ; on n'entendait que les cris des blessés au milieu de l'obscurité qui s'était faite soudain ; mais bientôt l'empereur et l'impératrice sortirent sains et saufs de leur voiture ; ils entrèrent dans la salle au bruit des acclamations ; au dehors, 156 personnes avaient été atteintes, dont 8 succombèrent. Si le mystère avait plané sur les apprêts de la conspiration, un concours de circonstances heureuses permit, la nuit même, d'arrêter tous les complices ; Orsini, lorsque la police descendit chez lui, venait de se coucher, blessé et couvert de sang.

Ce crime épouvantable devait avoir deux effets opposés : il provoqua un système de répression à outrance et, peu de mois après, il ouvrit la question italienne.

A peine eut-il été connu, que de toutes parts on réclama des représailles. Les grands corps de l'État ne furent pas les derniers à les recommander ; ils se plaignirent en même temps des abus du droit d'asile à l'étranger. Des remontrances furent adressées à Londres principalement : elles ne furent guère écoutées ; mais, à l'intérieur, la politique de répression fut reprise ; des instructions sévères prescrivirent à la police un redoublement de vigilance ; des entraves en matière des passeports furent remises en vigueur ; la France se vit divisée en cinq grands commandements militaires ; des journaux furent supprimés ; la régence fut attribuée à l'impératrice pour le cas de mort de l'empereur. Puis, une loi fut proposée, dite loi de sûreté générale, créant des délits nouveaux et autorisant le gouvernement à proscrire sans jugement, soit en les expulsant du territoire, soit en les internant en Algérie, certaines catégories de citoyens. Enfin, le ministre de l'intérieur, M. Billault, fut remplacé par un militaire, le général Espinasse, qui avait un renom de compression bien établi.

Quand la loi de sûreté générale vint en discussion au Corps législatif, elle y provoqua de sourdes résistances. La commission proposa des amendements propres à l'adoucir et dont l'un lui donnait un caractère transitoire. Le Conseil d'État les ayant approuvés, le rapporteur, M. de Morny, se prévalut de cette condescendance et s'attacha à vaincre les dernières répugnances : " Que ceux, dit-il, qui ne conspirent pas, se rassurent. " Cependant, la loi fut attaquée par M. Émile Ollivier au nom du droit et par MM. d'Andelarre et Plichon au nom de la liberté : " Que le gouvernement s'appuie franchement, s'écria ce dernier, sur toutes les vraies forces sociales, et la société se raffermira. " L'avis était excellent, et il est fâcheux que le gouvernement ne l'ait pas suivi. Il faut bien le reconnaître cependant : quand de grands forfaits qui soulèvent la conscience publique se produisent, les honnêtes gens tournent instinctivement les yeux vers le pouvoir et se demandent quelles résolutions il prendra ; son abstention serait considérée comme un signe de faiblesse et augmenterait l'ébranlement. A ce point de vue, la loi s'expliquait ; mais elle se ressentait trop de l'effarement du moment ; elle était excessive. Elle fut néanmoins votée à l'unanimité, moins 24 voix. Au Sénat, dont la mission était de protéger les libertés publiques, elle ne rencontra qu'un seul opposant, le général Mac-Mahon. A la suite de ces votes, on arrêta 400 personnes, dont 300 furent dirigées vers l'Algérie ; puis, après ce grand effort, la loi resta suspendue comme une menace sur la tête des malintentionnés ; elle ne fut plus guère appliquée.

Il restait à statuer sur le sort des coupables. Le principal était Orsini ; il avait été l'inspirateur et l'organisateur du complot ; âgé de 39 ans, il s'était associé depuis sa jeunesse à toutes les entreprises de la démagogie italienne ; il avait joué un rôle sous la Convention romaine, puis avait conspiré contre l'empereur d'Autriche, avait réussi à s'enfuir et, finalement, était devenu l'hôte de l'Angleterre, où il avait ourdi ses desseins contre Napoléon III. Bien que ce passé ne fût pas de nature à lui procurer des sympathies, il parvint, après son arrestation, à se composer une attitude et, chose plus extraordinaire, à exercer une impression durable sur le souverain même, à la vie duquel il avait attenté. Devant le jury, il se défendit d'un mot : l'empereur était un obstacle à la liberté de l'Italie ! Son conseil, Jules Favre, reprit ce thème avec toutes les ressources de son habileté ; il évoqua, en faveur de son client, le rêve patriotique qu'il avait fait, celui de l'indépendance italienne, qui avait, dit-il, bercé tant de nobles âmes ; et, tout en l'abandonnant à la mort, il chercha à entourer sa mémoire des lueurs du martyre. En mourant, Orsini poussa un seul cri : Vive l'Italie ! Ce cri devait avoir un écho dans l'âme de Napoléon III.

Le reste de l'année 1858 fut absorbé par les suites de cette affaire.

Les instances faites à Londres pour obtenir des mesures contre les conspirateurs étrangers avaient abouti à la présentation par lord Palmerston d'un bill qui les punissait. Le bill échoua et le ministre se retira. La modération de l'empereur prévint les complications qui auraient pu naître de ce mauvais vouloir, et bientôt une nouvelle entrevue des souverains de France et d'Angleterre à Cherbourg, lors de l'achèvement des travaux du port et de l'érection d'une statue à Napoléon Ier, acheva de dissiper les froissements que le pouvoir impérial avait ressentis.

Le gouvernement français ne tarda pas à rentrer dans une voie plus douce. Le général Espinasse fut remplacé par M. Delangle ; diverses exigences administratives furent atténuées ; puis, comme si l'empereur avait voulu marquer que les démagogues seuls étaient l'objet de ses sévérités, les généraux Changarnier et Bedeau furent autorisés à rentrer dans leur patrie. Par contre, M. de Montalembert fut poursuivi pour avoir, dans un article du *Correspondant : Un débat sur l'Inde au parlement anglais*, opposé les discussions des Chambres britanniques à celles du Corps législatif ; condamné à trois mois de prison, il fut grâcié un peu malgré lui ; Napoléon III, par ce mélange de rigueur et de clémence, avait voulu, selon les explications qu'il donna à lord Clarendon, donner un avertissement au parti des gens de lettres chez qui, disait-il, il y avait une véritable conspiration contre lui.

Ainsi finit l'année 1858. De vagues inquiétudes planaient sur l'opinion. Dès le 21 avril 1858, après l'attentat d'Orsini, le prince Albert avait écrit : " Je crains quelque coup de théâtre italien. " C'était une parole prophétique.

CHAPITRE III.

I.

Les événements de 1848 avaient confondu les espérances du Piémont, mais ils ne lui avaient pas ôté le désir de venger la défaite de Novare. Comment réaliser ce désir ? Il n'avait pas à cet égard de plan arrêté ; mais ses hommes d'État comptaient que l'heure sonnerait un jour, et le comte Balbo, malgré les tendances conservatrices de son esprit, disait : " La paix ne sera qu'une trêve de dix ans." Victor-Emmanuel était monté sur le trône sous l'influence de ces sentiments ; il ne se réconcilia pas avec la maison d'Autriche et, comme il maintint dans ses États le régime constitutionnel, il groupa rapidement autour de lui tous les libéraux italiens. Ainsi qu'il arrive toujours en pareil cas, ce furent d'abord les libéraux modérés qui tinrent les rênes ; mais ils ne tardèrent pas à les abandonner aux libéraux avancés.

A la tête des libéraux modérés se trouvait Maxime

d'Azeglio ; il voulait non une Italie une, mais une Italie affranchie, placée sous le patronage du Piémont agrandi de Parme et de Plaisance ; devenu chef du gouvernement, il favorisa tout un système de dénonciations contre les autres gouvernements italiens. Mais, pour dominer l'Italie, il fallait avoir Rome pour alliée ou la combattre ouvertement. Rome, ayant décliné toute complicité, fut traitée en ennemie. Des mesures de guerre furent proposées ayant pour objet la sécularisation de la législation et la suppression des instituts monastiques. On ne rompit pas ouvertement avec le St-Siège, mais on prétendait le subjuguer : " Avec Rome, écrivait d'Azeglio, il faut beaucoup de formes, de salamalecs, de baisemains, mais une fermeté de fer et surtout du fait accompli." De là la première loi que le ministère proposa et qui avait pour objet l'abolition des juridictions ecclésiastiques. Les membres les plus éminents de la Chambre, le comte Balbo et M. de Revel, s'élevèrent contre elle au nom de la bonne entente avec le St-Siège ; le clergé ayant également protesté, l'archevêque de Turin fut emprisonné. On touchait à la persécution ; sur la pente où l'on s'était placé, il était malaisé de s'arrêter. Fallait-il aller jusqu'au bout ? D'Azeglio y était peu porté ; il était centre-gauche ; il redoutait la démagogie et le développement des idées antireligieuses ; il sentait du reste qu'il n'était pas l'homme de la tâche qui s'offrait au Piémont et qui répugnait à sa droiture ; et puis il ne pouvait se résigner à faire bon ménage avec un de ses collègues qu'il avait cependant choisi, le comte Camille de Cavour.

Cavour, après avoir beaucoup voyagé, était revenu

dans son pays où il avait été peu goûté du roi Charles-Albert : " C'est, disait celui-ci, un des hommes les plus dangereux de mon royaume." Il ne parut pas, dans les commencements, mieux vu du roi Victor-Emmanuel, qui répondit, lorsque M. d'Azeglio le lui proposa comme ministre : " Sachez-le bien, celui-là vous prendra à tous vos portefeuilles. " Cette prédiction devait s'accomplir. Cavour se distinguait par des connaissances multiples, un sang-froid imperturbable, un esprit de décision peu commun ; il était de plus dédaigneux de toute honnêteté politique, exempt de scrupules ([1]), habile à nouer les intrigues et à les mener de front : c'étaient précisément là les qualités et les défauts qui étaient nécessaires pour mener à bonne fin le dessein que, dans ses rêves de jeunesse, il avait médité ; mais pourquoi faut-il constater une fois de plus que les grands événements qui ont exercé sur l'humanité ou sur les destinées de certains peuples une influence considérable aient été le fruit de moyens douteux, imprégnés de procédés de ruse et de duplicité que la conscience condamne ?

Des divergences de vues ne tardèrent pas à éclater entre d'Azeglio et Cavour : d'Azeglio ne voulait pas rompre entièrement avec la droite ; Cavour entendait chercher son appui dans le centre-gauche. Une séparation était nécessaire : le cabinet donna sa démission. D'Azeglio, chargé de le reconstituer, en exclut Cavour,

---

(1) Ecrivant le 8 février 1856 à M. Buoncompagni, ministre sarde à Florence, il lui disait : " Je vous avoue que je suis un peu moins scrupuleux que vous et que j'ai, au moins dans les choses politiques, une conscience un peu plus large que la vôtre."

resta quelque temps encore aux affaires, puis se retira définitivement. Le roi, qui semblait hésiter à accentuer sa politique, fit appel au comte Balbo ; mais, celui-ci ayant échoué dans ses négociations, il se décida à accorder à Cavour, le 4 novembre 1852, la présidence du conseil.

Cavour ne perdit pas de temps, et, dès ses premiers actes, il s'attacha à faire entrer dans les préoccupations publiques la question italienne, à la proclamer devant l'Europe, à dénoncer et à irriter l'Autriche, à entraîner à sa suite Napoléon III et à préconiser l'unité de la péninsule. C'était une œuvre immense ; il devait périr à la tâche, mais l'œuvre devait lui survivre.

Avant tout, il fallait, sinon créer, au moins développer le malaise de l'Italie. Il n'y manqua pas. Il s'efforça de convaincre les princes italiens d'incurie et de représenter le Piémont comme l'un des agents du progrès. Il accueillit avec empressement les émigrés de tous les États de la péninsule ; il leur réserva des emplois publics et des chaires universitaires ; il les gagna ainsi petit à petit à la cause de l'unité. Bref, sous son inspiration, Turin était devenu le foyer de tous les griefs de l'Italie ; et lui, il apparaissait déjà comme un réparateur. En même temps, il continua la lutte contre Rome ; sur ce terrain, il se trouvait aux prises avec les résistances pieuses du peuple piémontais et de la maison de Savoie, dont les traditions n'étaient pas sans action sur l'esprit de Victor-Emmanuel. Il persista néanmoins, et, après que la loi sur l'incamération des biens ecclésiastiques eût été, au milieu de difficultés sans nombre, votée et sanctionnée, on put dire que le sort en était jeté : le roi était enchaîné à son ministre, devenu tout-puissant.

Les procédés de M. de Cavour étaient l'opposé de ceux de Napoléon III au début de son règne. Comment, tout en les employant, se concilier l'empereur ? Il est maintenant bien certain que celui-ci, en dépit de sa politique de compression et de ses avances au clergé, n'avait jamais cessé d'être séduit par le principe des nationalités et surtout d'être animé du désir de constituer la nationalité italienne. Déjà, j'ai souligné divers indices de ses dispositions. En 1852, le ministre piémontais à Paris s'étant plaint au président de quelques-uns de ses diplomates, celui-ci avait répondu : " Ne vous troublez pas trop ; il viendra un temps où les deux pays se trouveront compagnons d'armes pour la noble cause de l'Italie. " L'année suivante, il déclara au même ministre " qu'il convenait de se garder des excès révolutionnaires et qu'il valait mieux attendre une grande guerre ou un événement quelconque, par exemple, qu'une menace de l'Autriche à l'indépendance du Piémont fournît une occasion favorable ". Rien n'échappait à Cavour. Il sut ainsi quels étaient les sentiments secrets de Napoléon, et il ne lui restait plus qu'à faire naître ou à saisir l'occasion favorable.

Cette occasion se présenta lors de la guerre d'Orient. A Paris, on cherchait à obtenir la coopération de l'Autriche ; mais on insinuait aussi au gouvernement sarde que sa participation aux hostilités lui permettrait peut-être de prendre une revanche de ses revers passés. Il est possible que, si l'Autriche était entrée plus avant dans le jeu des puissances occidentales, le concours du Piémont n'eût pas été réclamé. Quand il le fut, l'abstention de l'Autriche de tout rôle actif ne laissait plus de doute. Cavour perçut du premier coup d'œil le bénéfice qu'il pourrait recueillir de l'entreprise, et il demanda, en échange d'une intervention piémontaise, que la France et l'Angleterre s'engageassent, la guerre terminée, à prendre en considération l'état malheureux de l'Italie. Il n'obtint pas cet engagement ; le gouvernement français se contenta de lui dire que sa politique ne serait pas subordonnée à la politique autrichienne. Fallait-il s'en tenir là et compter sur les événements ? Cavour le pensa, et, malgré de vives tergiversations autour de lui et des reproches de folie, il captiva le roi et accéda aux propositions des puissances occidentales.

Après le chute de Sébastopol, Victor-Emmanuel et son ministre se rendirent à Paris et à Londres ; ils y trouvèrent beaucoup de froideur dans le monde officiel à l'endroit des visées du Piémont. Mais, lorsqu'ils repassèrent par Paris pour se rendre à Turin, le 7 décembre, Napoléon dit à Cavour : " Ecrivez confidentiellement à Walewski ce que vous croirez que je puisse faire pour le Piémont et l'Italie. " Cette parole fut envisagée par Cavour comme le programme d'une politique prochaine. Il s'empressa de rédiger un mémoire. Fut-ce habileté ou défiance d'un plan trop vaste ? Toujours est-il qu'il ne demanda, ni que l'Autriche fût chassée de la Lombardie ni que le royaume de Naples fût enlevé à la dynastie bourbonienne, bien qu'il appelât la sollicitude de l'empereur sur la situation de ces deux pays ; mais il insinua que le grand-duc de Toscane ou le duc de Modène pourrait obtenir les légations et le Piémont s'étendre à leur détriment.

Quelques semaines après s'ouvrait le Congrès de Paris. On avait discuté le rang qu'y occuperait le Piémont ; aurait-il simplement voix consultative ? L'empereur trancha la question en sa faveur : tous les plénipotentiaires furent placés sur un pied égal. A peine arrivé, Cavour se fit séduisant. Un jour, un des intimes de Napoléon III, le docteur Conneau, vint lui annoncer d'un ton confidentiel qu'il était " autorisé à servir d'intermédiaire pour toute communication secrète que les Sardes jugeraient bon de faire parvenir aux Tuileries ". Cavour ne pouvait s'attendre à un encouragement plus précieux ; mais en même temps, estimant que la fin justifie les moyens, il ne négligea pas les ressources de la galanterie : " Je vous avertis, écrivit-il le 20 février 1856 au chevalier Cibrario, que j'enrôle dans la file de la diplomatie la très belle comtesse de *** (1), en l'invitant à coqueter et à séduire, s'il le faut, l'empereur. " L'empereur paraissait conquis, mais l'heure des ménagements n'était pas passée ; il n'entendait pas se brouiller prématurément avec l'Autriche ; tantôt il s'avançait, tantôt il reculait. Finalement, Cavour obtint de lui que la question italienne fût posée au Congrès. Elle le fut, en effet, quoique avec mesure, par le comte Walewski ; on a su depuis que lord Clarendon fit aussitôt une charge à fond contre Naples, le Pape et les petits princes italiens. Cavour, grisé par des sympathies si chaudes, croyait toucher au moment d'une guerre contre l'Autriche ; mais à Londres, où il se rendit, il trouva les collègues de lord Clarendon

-----

(1) La comtesse de Castiglione.

fort tièdes et, de retour à Paris, il s'aperçut qu'il devait subir les délais que l'empereur lui prescrivait : " Je ne puis en ce moment, lui dit le souverain, entrer en conflit avec l'Autriche ; mais tranquillisez-vous ; j'ai le pressentiment que la paix actuelle ne durera pas longtemps. "

Le pressentiment ! Ce mot tombait dans l'oreille d'un homme positif. De retour à Turin, Cavour multiplia les agressions contre Rome et l'Autriche et tâcha d'exalter de plus en plus le patriotisme italien ; à ce spectacle, le vieux prince de Metternich s'écria : " Jamais un système plus abject de mensonges n'a été suivi ; jamais on ne s'est égaré dans un dédale pareil d'iniquités et de calomnieuses insolences. " L'Autriche dédaigna les défis et, soutenue par les conseils de l'Angleterre, qui, ayant vu clair dans le jeu de la France et du Piémont, s'était prise à redouter son affaiblissement, résolut d'adopter en Italie une attitude plus conciliante. L'empereur François-Joseph se rendit dans le Lombardo-Vénitien, l'érigea en vice-royauté et le confia aux mains de son frère, l'archiduc Maximilien. Mais aussitôt Cavour imagina de nouvelles provocations ; des notes aigres furent échangées entre les deux gouvernements et les ministres respectifs furent rappelés. Aucun frein ne pouvait plus le retenir ; Cavour porta à gauche l'axe de son gouvernement, sema partout l'idée de l'unité de l'Italie avec Victor-Emmanuel pour roi et favorisa la constitution en 1857, à Turin, de la Société nationale italienne, dont le but était de soulever le pays entier. En même temps, il désavoua publiquement tout contact avec les révolutionnaires et, suivant un vieux procédé, il se plaignit des intrigues de ses adversaires. Il espérait ainsi forcer la main à Napoléon III ; mais, en même temps, son impatience était tenue de ménager le prince sans lequel il ne pouvait rien et qui avait soin, dans ses actes et son langage publics, de paraître obéir à des inspirations contradictoires.

Il avait du reste à vaincre d'autres obstacles naissant de l'opposition de Mazzini et des catholiques du Piémont, lorsque survint l'attentat d'Orsini. L'effet immédiat lui fut fort défavorable ; on l'accusait partout, même à la cour des Tuileries, de menées révolutionnaires. Mais bientôt tout changea, et l'événement, où sa politique semblait devoir sombrer, finit par lui donner un regain de force. Lors des débats de la Cour d'assises, Jules Favre avait lu une lettre d'Orsini à l'empereur, dans laquelle il le suppliait de rendre à l'Italie son indépendance et qui se terminait ainsi : "Que Votre Majesté se rappelle que, tant que l'Italie ne sera pas indépendante, la tranquillité de l'Europe et celle de Votre Majesté ne seront qu'une chimère. " Cette lecture fut accompagnée de paroles enflammées, destinées à faire du *testament d'Orsini* un programme et d'entourer son auteur d'une sorte d'auréole. A la lettre lue aux assises succéda une seconde adjuration écrite au moment où Orsini allait monter à l'échafaud. Les deux documents furent publiés par la *Gazette officielle du Piémont* comme lui venant d'une source sûre, et les historiens modernes de l'Italie affirment que cette source sûre n'était autre que le cabinet impérial.

On a beaucoup discuté le point de savoir si l'attentat

d'Orsini, succédant à deux autres machinations du même genre, fit trembler l'empereur et avança les affaires italiennes. Il serait injuste de méconnaître que, bien avant sa perpétration, Napoléon III eût les yeux fixés sur l'Italie ; mais la trame de ses desseins avait de la peine à se nouer, et à voir les événements qui, à partir de ce moment, se précipitèrent, on est en droit de conjecturer qu'il ne fut pas insensible aux menaces qui lui étaient prodiguées. Cavour devait du reste jouer de ce moyen comme des autres, et il ne se fit pas faute d'évoquer les nouveaux complots, qui, affirmait-il, ne pouvaient manquer d'être fomentés.

Vers la fin du mois de mai 1858, arriva à Turin le docteur Conneau, qui fit connaître à M. de Cavour que l'empereur comptait, au cours de l'été, passer un mois à Plombières et qu'il se trouverait ainsi bien rapproché de la frontière piémontaise. M. de Cavour comprit et répondit, qu'ayant l'intention lui-même de prendre quelque repos en Suisse, il irait de là présenter ses hommages à l'empereur. Deux mois après, étant en Suisse, il reçut une lettre du général de Béville, lui disant que l'empereur serait charmé de le voir à Plombières. M. de Cavour s'empressa de s'y rendre, non sans avoir écrit à M. de la Marmora : " Le drame s'approche de la solution. "

L'empereur fit connaître au ministre sarde qu'il serait disposé à soutenir le Piémont dans une guerre contre l'Autriche, à la double condition que la lutte ne serait point une lutte révolutionnaire et qu'elle pourrait se colorer d'un prétexte plausible aux yeux de la diplomatie. Un prétexte : ce mot mérite d'être souligné et il fixe les responsabilités futures. Les deux complices s'expliquèrent alors sur les grandes lignes de l'organisation nouvelle à donner à l'Italie. Le Piémont devait, avec la Lombardie, la Vénétie, les Romagnes, Parme et les Légations former un royaume de l'Italie du Nord ; la Toscane avec l'Ombrie constituerait un royaume de l'Italie centrale ; le royaume de Naples subsisterait, au moins provisoirement ; au milieu, le St-Siège conserverait Rome et le patrimoine de St-Pierre : c'est ce que Napoléon appelait ménager le Pape.

M. de Cavour accéda à tout, comptant probablement sur son étoile pour dépasser ces prévisions. Puis, quand l'accord fut complet, l'empereur déclara qu'une compensation serait nécessaire à la France, et il cita la Savoie et Nice ; de plus, il manifesta le désir qu'un mariage unît la princesse Clotilde, fille de Victor-Emmanuel, au prince Jérôme-Napoléon ; il ajouta même qu' " il y comptait ", et il quitta son interlocuteur en lui disant : " Ayez confiance en moi comme j'ai confiance en vous (1). " De retour à Turin, M. de Cavour plaida la cause de l'arrangement auprès de son maître, qui souscrivit à toutes les conditions proposées et se contenta de dire : " Dans un an, je serai roi d'Italie ou simplement M. de Savoie. "

L'entrevue de Plombières fut connue par une note du *Moniteur* ; mais telles sont l'insouciance et la naïveté du public, que personne ne se douta de son exceptionnelle gravité : personne, sauf le comte Walewski, ministre

---

(1) Il est utile de mentionner ici que toutes les révélations qui précèdent sont extraites, soit du rapport de M. de Cavour au roi Victor-Emmanuel, qui n'a été publié qu'en 1884, soit du recueil de ses lettres.

des affaires étrangères. Il fit des remontrances, car il représentait les idées conservatrices. Mais l'empereur se borna à répondre par l'exposé de ses desseins, qui visaient le sort non seulement de l'Italie, mais de l'Allemagne.

Il est juste d'ajouter que, dès avant cette époque, les rapports de M. de Hubner, ambassadeur d'Autriche à Paris, étaient alarmants. Le 13 mai 1857, il écrivait en parlant de l'empereur Napoléon : " Vu l'absence de principes, vu son caractère porté aux grandes résolutions et gâté par la fortune, vu certaines traditions de jeunesse dont il ne s'est pas complètement dépouillé, on ne peut se livrer à un sentiment de sécurité absolu. " Le 1er janvier 1858, il mandait de nouveau : " L'atmosphère de la Cour est décidément anti-autrichienne (1). "

Il restait à préparer les événements. Les attaques contre l'Autriche et le St-Siège se déployèrent à Paris et à Turin. A Paris, le *Moniteur* publia des lettres de M. About, dénonçant dans les termes les plus passionnés le gouvernement pontifical. A Turin, on ne se cachait pas pour fixer la guerre au printemps de 1859 et pour prononcer trois mots qui allaient devenir fatidiques : indépendance, unification, maison de Savoie. Des auxiliaires et des instruments étaient recrutés sur tous les points de l'Italie et on harcela surtout le duc de Modène dans l'espoir qu'il appellerait l'Autriche, ce qui permettrait au Piémont de recourir à la France. Au milieu de cette effervescence factice, surgit l'incident

----

(1) Ces extraits ont été publiés pour la première fois dans les Souvenirs inédits de M. de Hubner.

Mortara ; on s'en servit pour déchaîner contre le Pape les haines les plus déloyales ; les coalisés feignirent l'indignation, alors qu'en réalité ils étaient enchantés.

Cependant des alarmes vagues commençaient à se répandre. Peut-être furent-elles alimentées par une conversation qu'à l'automne Napoléon III eut à Compiègne avec lord Palmerston et lord Clarendon, et dans laquelle il leur exposa ses projets. Les objections que lui firent les hommes d'État anglais ne l'ébranlèrent pas, et les journaux officieux ne tardèrent pas à écrire des articles contre l'Autriche. Le *Moniteur* publia alors une note mettant en garde contre "les discussions propres à altérer les rapports avec une puissance alliée de la France". Toujours le double jeu, qui, pendant plusieurs années, allait se prolonger ! Quant à M. de Cavour, il continuait ses préparatifs avec fièvre ; il nouait des rapports avec les révolutionnaires et même avec Garibaldi, et déjà, dans un entretien avec le chargé d'affaires anglais à Rome, il déclarait qu'il forcerait bien l'Autriche à commencer les hostilités. Le prince de Metternich, témoin de cette audace heureuse, écrivit à ce moment : " Je crains bien que nous ne soyons perdus, car il n'y a en Europe qu'un homme d'État et il est contre nous : c'est Cavour."

II.

Tout à coup, le 1ᵉʳ janvier 1859, à la réception du jour de l'an, Napoléon, s'approchant de M. de Hubner, lui dit : " Je regrette que nos relations avec votre gouvernement ne soient pas aussi bonnes que par le passé : je vous prie de dire à l'empereur que mes sentiments personnels ne sont pas changés. '' L'émotion fut générale. Le 7 janvier, une note du *Moniteur* annonça bien que "rien dans les relations diplomatiques ne justifiait les craintes ''. Mais la solennité de la démonstration faite par l'empereur ne laissait guère d'ouverture à la confiance. Du reste, en dépit des assurances officielles, une série de faits graves vint sans délai accentuer la portée des paroles de l'audience impériale.

Le 10 janvier, dans le discours du trône du parlement piémontais, Victor-Emmanuel déclara " qu'il n'était pas insensible au cri de douleur qui, de tant de parties de l'Italie, s'élevait vers lui ''. Puis le prince Napoléon partit avec le général Niel pour Turin ; le 24, le *Moniteur* annonçait son mariage avec la princesse Clotilde ; le 30, le mariage était célébré. Le lendemain, le ministre de finances sarde contractait un emprunt de 50 millions. Le 4 février paraissait une brochure intitulée : *l'Empereur Napoléon III et l'Italie :* c'était un long acte d'accusation contre les princes italiens ; elle affectait de respecter le Pape ; mais elle souhaitait qu'il réformât son administration ; une idée l'inspirait, c'était la théorie des nationalités et, parmi les nationalités, celle de l'Italie était mise spécialement en relief. La veille de sa publication, l'empereur l'avait annoncée à ses ministres comme reflétant ses pensées sur la question italienne ; on apprit depuis qu'il en avait tracé le plan et que M. de la Guéronnière l'avait rédigée en s'aidant d'éléments fournis par M. Eugène Rendu.

Tous ces faits plongèrent l'Europe dans la stupeur, et cela d'autant plus que rien ne justifiait une guerre ; ni la France ni le Piémont ne pouvaient se plaindre, soit d'une offense nationale, soit d'une lésion de leurs intérêts. L'Angleterre, dont l'envoyé à Turin, sir James Hudson, avait plutôt encouragé M. de Cavour, intervint activement en faveur du maintien de la paix. Elle agit d'abord à Paris par l'intermédiaire de son ambassadeur, lord Cowley ; celui-ci vit M. Walewski et l'empereur ; l'empereur fut moins précis que son ministre et, tout en attestant ses sentiments pacifiques, il se plaignit de l'Autriche et exprima le regret qu'elle fût en possession de la Lombardie. Lord Cowley partit alors pour Vienne ; il y recommanda la patience et la prudence ; on l'écouta volontiers et on lui dit que l'Autriche ne franchirait pas le Tessin, à moins d'y être absolument forcée ; mais on ajouta que c'était à Paris et à Turin qu'il fallait prêcher la paix. De Turin, le cabinet anglais ne recevait que des rapports alarmants; M. de Cavour accueillait les ouvertures pacifiques avec froideur, et il était manifeste qu'il comptait sur la France.

Jamais, on peut le dire, l'annonce d'une guerre n'avait rencontré plus de réprobation, et c'est sous l'influence de ce sentiment général que s'ouvrit le 7 février la session du Corps législatif. Une sorte de malaise pesa sur la séance impériale ; le discours de l'empereur était plein de vues et d'espérances contradictoires ; il ne suscita, à la différence des discours des années précédentes, aucun élan d'enthousiasme. Rentrés au palais Bourbon, les députés applaudirent le langage pacifique que leur tint M. de Morny ; puis arrivèrent de toutes parts les vœux de l'opinion pour la conservation de la paix : c'était le sentiment unanime des amis des premiers jours ; ils n'étaient pas encore écartés, mais déjà ils étaient moins écoutés.

Ce qui frappait le grand nombre, c'est que la guerre manquait de cause et même de prétexte. Elle pouvait sans doute résulter de l'attitude du Piémont. Mais cette attitude elle-même ne reposait sur rien : personne ne le menaçait ni dans ses frontières ni dans aucun de ses droits. Et pourtant Cavour agissait sans relâche : il inventait des griefs, s'efforçait de susciter des conflits, développait ses armements et finalement, le 9 mars, il rappela à l'activité, sans raison, les militaires congédiés ou maintenus dans leurs foyers. Voulait-il par là triompher des dernières hésitations de l'empereur ? Peut-être bien. Le *Moniteur* avait publié le 5 mars une note assez rassurante, disant que l'empereur n'avait promis au roi de Sardaigne qu'une chose, c'était de le défendre contre une agression de l'Autriche. Mais Cavour comptait bien l'attirer tout à fait dans ses filets. A Londres, on était convaincu que Napoléon III était hanté par la crainte des carbonari ; à Vienne, on ne doutait plus qu'il n'eût abandonné la cause de l'ordre ; les hommes clairvoyants l'envisageaient comme étant devenu le prisonnier du ministre sarde, et le 22 mars M. Thiers écrivit : " L'empereur a une idée fixe, amener la guerre tout en parlant de la paix. " C'est, en effet, ce qu'il faisait : si bien que lord Cowley, après s'être épuisé en efforts variés, disait : " Je ne sais plus ce que veut l'empereur et, dans ses paroles, je me perds à démêler le vrai du faux. "

Cependant, la Russie à son tour intervint en faveur de la paix. Elle proposa un Congrès ; toutes les puissances y adhérèrent en principe et le 25 mars le *Moniteur* l'annonça officiellement ; mais le même jour il apprit au public, de plus en plus stupéfait, que M. de Cavour était parti pour Paris, sur une invitation de l'empereur. Que se passa-t-il dans cette entrevue suprême ? L'empereur rassura-t-il Cavour sur l'issue du Congrès ? On ne sait quelles résolutions furent arrêtées dans l'entretien secret qu'ils eurent ensemble dès l'arrivée du ministre sarde. Dans une conversation qui se tint devant le comte Walewski, l'empereur donna à M. de Cavour des conseils de paix ; mais M. de Cavour refusa obstinément de désarmer ; en quittant Paris, il déclara que, plus que jamais, la guerre était inévitable, mais qu'elle serait probablement retardée de deux mois. Rentré à Turin, il reprit ses menées avec une activité vertigineuse et s'aboucha avec Garibaldi, qui enrôlait toutes les forces révolutionnaires. Il était visible que l'arbitre de la situation n'était plus Napoléon III. Celui-ci s'était laissé déchoir de la haute position qu'il s'était acquise ; le conducteur des événements était M. de Cavour.

L'Autriche ne consentait à participer au Congrès que si le Piémont désarmait. M. de Buol disait : " Nous n'avons pas confiance dans la Cour des Tuileries. Si l'empereur Napoléon veut vraiment la paix, l'arrangement est facile : que le Piémont désarme. " Mais Napoléon déclarait qu'il avait conseillé au Piémont de désarmer, que ses avis n'avaient pas été suivis et qu'il ne pouvait les renouveler. Qui cependant admettra que, s'il avait manifesté une volonté absolue, M. de Cavour eût pu lui tenir tête ? Aussi la défiance à son endroit était-elle devenue si grande, que lord Cowley n'hésita pas à demander au comte Walewski : " Est-il vrai que l'empereur, en congédiant Cavour, l'ait exhorté à avoir patience jusqu'à ce que l'armée française fût prête ? "

L'Angleterre fit un dernière tentative ; elle proposa le désarmement général. L'empereur Napoléon parut d'abord ne pas vouloir se rallier à cette proposition ; puis, le 10 avril, il l'accepta, et l'Autriche en fit autant. Mais le 12, le comte Walewski expliqua que le désarmement ne pouvait s'appliquer au Piémont ; une telle exigence équivalait à un refus. De nouvelles instances ayant été faites, la France renonça à la restriction qu'elle avait recommandée et déclara qu'elle engagerait le Piémont à adhérer à un désarmement général, si l'Angleterre insistait avec elle pour l'admission des puissances italiennes au Congrès. L'Angleterre accepta; on télégraphia à Turin ; M. de Cavour, bien qu'ému et irrité, finit par adhérer le 19 au désarmement général, comptant sur quelque coup de fortune imprévu. Le 21, le *Moniteur* annonça la prochaine ouverture du Congrès.

Les choses en étaient arrivées à un point où le maintien de la paix était devenu une chimère. Qu'était-ce, en effet, que ce désarmement général ? Comment le réaliser ? Comment le constater ? Et puis, qui pouvait se bercer sérieusement de l'espoir que le Congrès aboutirait ? Il était donc certain que, si même les puissances avaient délibéré, la guerre n'eût été qu'ajournée. Il n'en fut pas même ainsi. L'Autriche, qui avait jusque-là usé d'une longue patience, estimait que de plus longs délais nuiraient à son honneur et à ses intérêts. Aussi, le jour même où M. de Cavour, à son corps défendant, adhérait au désarmement général, elle expédiait un ultimatum demandant à la Sardaigne de mettre sans délai son armée sur le pied de paix et de licencier les volontaires italiens. C'était servir les intérêts de M. de Cavour et lui permettre de crier que l'Autriche était l'agresseur. L'histoire ne saurait se rendre complice de cette manœuvre, et, si l'on peut discuter l'opportunité de l'ultimatum, il est indubitable que les provocations venaient du Turin.

M. de Cavour était enchanté. Le 23, en sortant de la Chambre, il dit : " C'est la dernière session du parlement piémontais qui finit ; l'année prochaine, nous ouvrirons le premier parlement italien ". La prédiction était osée ; mais elle était justifiée par une série ininterrompue de succès. M. de Cavour reçut ensuite les envoyés autrichiens qui étaient chargés de demander une réponse à l'ultimatum dans les trois jours ; il laissa écouler ce délai ; puis il repoussa ce qu'il appela la sommation menaçante de l'Autriche et rejeta la responsabilité des événements futurs sur ceux qui avaient armé les premiers. Aussitôt après, il demanda officiellement l'appui déjà certain de la France.

A Paris, l'émotion fut grande ; les quartiers ouvriers acclamèrent la guerre, qu'ils envisageaient, par un sûr instinct, comme une guerre révolutionnaire ; mais, en dehors d'eux, les craintes étaient générales ; elles étaient surtout vives parmi les catholiques. Le Corps législatif, tout à la fois inquiet de la tournure des événements et mécontent de la dernière démarche de l'Autriche, vota les crédits sollicités ; mais l'anxiété des conservateurs se fit jour dans les discours de MM. Anatole Lemercier, de la Tour et Plichon : " Ce n'est pas seulement la sécurité extérieure qui est compromise, dit ce dernier, mais la paix intérieure, car on ne peut être révolutionnaire en Italie et conservateur en France. On voit ce que la France peut perdre à la guerre, on ne voit pas ce qu'elle peut y gagner." Ces paroles eurent de l'écho sur tous les bancs ; mais, ainsi qu'il arrive trop souvent, du blâme à l'acte, il y a loin : les députés et les hommes du second empire suivirent le maître avec regret. Rares sont d'ailleurs dans toutes les assemblées l'indépendance du caractère et le souci de la vérité : mille prétextes, cachant souvent des intérêts personnels, sont donnés pour ajourner les résolutions viriles et, quand on veut se ressaisir, presque toujours il est trop tard.

L'Autriche eût dû se hâter. Néanmoins, elle ne franchit le Tessin que le 1ᵉʳ mai et occupa Novare. Le 3, une proclamation de l'empereur annonça la guerre entre la France et l'Autriche ; elle déclarait que l'Italie devait être libre jusqu'à l'Adriatique, que le désordre ne serait point fomenté dans la Péninsule et que le pouvoir du Sᵗ-Père ne serait pas ébranlé. Le départ du souverain fut triomphal, et, dans le faubourg Sᵗ-Antoine, le cortège impérial fut accueilli par des vivats.

Il n'y avait pas cependant à s'y tromper : l'initiative de l'empereur était le premier acte d'une politique qui devait miner son trône et ruiner la puissance de la France.

III.

La guerre allait donc sévir de nouveau sur un territoire qui, depuis des siècles, était l'objet de convoitises multiples. Les circonstances semblaient favorables à l'Autriche. Elle avait, plus de vingt jours avant la déclaration de guerre, mobilisé ses forces ; de Venise au Tessin, elle disposait de 200.000 hommes, protégés par de nombreux cours d'eau et s'appuyant sur le quadrilatère, alors fameux. Si elle s'était hâtée, elle aurait pu envahir le Piémont et être à Turin en cinq jours, avant l'entrée des Français en Italie. Mais, par incurie du commandement ou par défaut d'audace, elle s'abstint de toute action prompte et vigoureuse. La France, qui redoutait d'être devancée, pressa l'envoi de ses troupes, et le maréchal Canrobert, étant arrivé sur les lieux des premiers, se décida, au lieu de chercher à couvrir Turin, à pousser en avant et à fixer à Alexandrie le point de réunion de ses forces. La manœuvre réussit. Les Autrichiens, qui venaient de commencer à s'ébranler, prirent peur, craignirent d'être tournés et s'arrêtèrent. Au moins eussent-ils dû se diriger sur Alexandrie et y livrer bataille, alors que l'organisation de l'armée française, qui manquait de vivres, était loin d'être terminée. Ils n'en firent rien, et c'est ainsi que, par deux fautes successives, dès le début de la campagne, ils en perdirent le fruit.

Les jours s'écoulaient et le commandant de l'armée autrichienne, le général Giulay, tâtonnait toujours. Il se figura que l'armée française se porterait sur Plaisance, mais il n'en était pas sûr ; il cherchait à pénétrer le plan des ennemis, lorsque tout à coup il s'aperçut qu'ils dirigeaient leurs forces vers Novare dans le but manifeste d'atteindre Milan. S'il avait eu quelque promptitude de décision, il se fût jeté sur eux pendant qu'ils étaient en marche ; mais il semblait paralysé ; peut-être les deux combats livrés à Montebello et à Palestro et qui avaient tourné au désavantage des Autrichiens avaient-ils affaibli sa confiance ; toujours est-il que, sans inquiéter les Français, il repassa le Tessin et donna ordre à ses troupes de se concentrer sur Magenta ; ici encore, il commit une faute grave : il ne détruisit pas les ponts du Tessin en se repliant ; puis, les jours suivants, il ne chercha pas à battre en détail les alliés dont les corps d'armée étaient encore épars, et c'est de cette façon qu'il fut acculé le 4 juin à la nécessité de livrer une grande bataille ; il la perdit. La journée de Magenta couvrit de gloire le maréchal de Mac-Mahon et ses soldats ; elle leur ouvrit le chemin de Milan et déjoua les espérances des Autrichiens. Cependant, ce ne fut pas une bataille savante ; la victoire fut due à l'héroïsme des troupes, et, plus que jamais, on s'en alla répétant que le soldat français se débrouille toujours : on devait en 1870 s'apercevoir de la gravité de cette erreur présomptueuse.

A peine entré à Milan, l'empereur Napoléon adressa une proclamation aux Italiens : " Unissez-vous, leur " disait-il, dans un seul but : l'affranchissement de " votre pays. Je ne viens pas ici avec un système " préconçu pour déposséder les souverains ou pour

” vous imposer ma volonté. Mon armée ne s'occupera
” que de deux choses : contenir vos ennemis et main-
” tenir l'ordre intérieur ; elle ne mettra aucun obstacle
” à la manifestation de vos vœux légitimes. ” Ce
langage vague ouvrait des perspectives diverses ; c'était
comme une invitation aux Italiens à disposer librement
de leurs destinées.

Déjà, de divers côtés, ils avaient pris les devants.
Des excitations avaient été habilement répandues dans
toute l'Italie centrale sous l'inspiration des agents
piémontais et parfois même des envoyés officiels du
roi de Sardaigne. A Florence, à Parme et à Modène,
les souverains se virent successivement obligés de se
retirer. En Toscane, M. Buoncompagni, ministre de
Victor-Emmanuel, présida lui-même à l'organisation
du nouveau pouvoir ; il se fit aider d'un homme qui
allait jouer un rôle important, le baron Ricasoli, et
bientôt du reste le débarquement du cinquème corps
français commandé par le prince Napoléon donna
comme une sanction à la révolution qui venait de
s'accomplir à Florence et un démenti à l'une des
phrases de la proclamation de Milan. L'agitation ne
pouvait manquer de s'étendre aux Romagnes ; là
on reprochait aux légats d'être les instruments de
l'Autriche ; ce thème, facile à exploiter, développa
l'effervescence, et nul ne doutait qu'en cas de retraite
des Autrichiens, ces provinces n'adhérassent au mouvement. L'empereur se garda de prendre position ; il se
contenta de déclarer qu'il n'accepterait pas pour le
prince Napoléon la couronne de Toscane, et Cavour,
habile à tirer parti du moindre incident, s'empressa de

publier cette déclaration ; il comptait en faire profiter son pays. Il est possible qu'à ce moment Napoléon ne fût encore fixé sur aucune solution ; si même il en avait eu une, les instances dont il était l'objet eussent été de nature à le faire réfléchir ; de France les avertissements étaient nombreux ; les catholiques commençaient à s'alarmer ; l'impératrice redoutait la continuation des hostilités ; les puissances étaient plutôt hostiles. Fallait-il poursuivre la campagne jusqu'au bout ? Il était certes trop tôt pour l'abandonner ; mais déjà le vainqueur pouvait se demander s'il serait prudent de sa part de chercher à gagner l'Adriatique.

Les Autrichiens ne paraissaient nullement disposés à s'avouer vaincus. Ils avaient bien abandonné la rive droite du Pô, et le général Giulay avait été relevé de son commandement, mais ils formaient encore une armée puissante d'environ 160,000 hommes, prête à se mesurer avec les forces ennemies ; malheureusement pour eux, sous le coup de leurs premières défaites, ils avaient de nouveau changé leurs plans, et ces incertitudes incessantes n'étaient pas pour relever leur moral ; il est vrai que les Français avaient également commis des fautes de tactique ; mais ils étaient enhardis par leurs premiers succès. La seconde bataille se livra le 24 juin à Solferino ; après des fortunes diverses, elle tourna au désavantage des Autrichiens ; seulement, un violent orage qui éclata vers le soir leur permit de se replier et de gagner le Mincio, en détruisant les ponts derrière eux : les soldats français et piémontais, las de cette journée sanglante, se contentèrent de coucher sur leurs positions.

Le lendemain matin, un affreux spectacle s'offrit à tous les yeux ; le carnage avait été épouvantable ; il fallut enterrer les morts, relever les manquants, évacuer les blessés. De même que la bataille avait été livrée un peu au hasard, de même les dispositions n'avaient guère été prises pour faire face à ces tristes suites. Bien moins encore les vainqueurs étaient-ils en mesure de recueillir des fruits certains de leur victoire. Les Autrichiens avaient, à la vérité, abandonné la ligne du Mincio ; mais ils s'étaient abrités derrière l'Adige et ils fortifiaient Vérone ; pour les amener à composition, de nouveaux efforts et de nouveaux succès étaient nécessaires. A cet effet, l'armée française franchit le Mincio, et une flotte entra dans l'Adriatique dans le dessein de menacer Venise. On s'attendait donc à des engagements prochains, peut-être plus meurtriers que les précédents, lorsque soudain, le 7 juillet, une dépêche de Napoléon annonça : " Il y a armistice entre l'empereur d'Autriche et moi. "

D'où venait ce coup de théâtre ? Il semble qu'à ce moment Napoléon obéissait pour la dernière fois à des influences conservatrices. De tous côtés des périls apparaissaient à l'horizon : l'incendie s'étendait en Italie ; les prétentions piémontaises grandissaient ; l'armée autrichienne, quoique battue, était forte encore ; l'Allemagne prenait l'alarme ; la fatigue et la chaleur faisaient de nombreuses victimes dans les troupes françaises ; le chiffre des tués et des blessés était du reste considérable. Tout cela porta l'empereur à s'arrêter, et c'est spontanément qu'il avait envoyé le général Fleury à l'empereur François Joseph pour conclure un armistice. Malgré l'irritation des Sardes, une entrevue fut fixée à Villafranca entre les deux monarques pour la date du 11 juillet, et là on tomba d'accord sur les bases suivantes : cession de la Lombardie au Piémont ; rétablissement des princes de l'Italie centrale dans leurs droits ; constitution d'une Confédération italienne sous la présidence du Pape ; octroi de réformes à la Vénétie.

La déception de Cavour fut énorme ; il crut tout perdu, s'éleva contre ce qu'il appelait " la grande trahison de l'empereur " et donna sa démission, qui fut acceptée. Victor-Emmanuel se contint davantage : " Pauvre Italie ! " s'écria-t-il ; mais il signa dès le 12 le traité, en ajoutant ces mots : " J'approuve pour ce qui me concerne ; " il réservait ainsi l'assentiment des autres peuples de l'Italie ; puis il remercia l'empereur en disant : " Je garderai toujours la plus vive gratitude de ce que Votre Majesté a fait pour l'indépendance de mon pays, et je vous prie de croire qu'en toute circonstance vous pouvez compter sur ma fidélité. "

Napoléon se hâta de retourner en France. Était-il sincère ? Voulait-il faire œuvre de paix et de conservation ou bien entendait-il laisser la révolution se déchaîner ? Avait-il même à cet égard un dessein mûri ? Ici, toutes les conjectures sont permises. J'incline à croire qu'il eût bien voulu limiter les effets de la guerre aux clauses du traité qu'il venait de conclure, mais qu'il n'était nullement résolu, pour atteindre ce but, à se mettre en travers des desseins du Piémont. En partant, il laissait beaucoup de passions et d'espérances inassouvies. Certes, il eût pu les contenir.

Mais ce qui est certain, c'est qu'il n'eut ni la volonté ni le courage de faire de sa signature une vérité, et qu'avant de quitter l'Italie, il encouragea par certains propos les visées révolutionnaires. A Turin, le comte Pepoli lui ayant demandé : " Le vote des Romagnes, mon pays, sera-t-il respecté ? " il répondit : " Oui, si l'ordre n'est point troublé ; je vous promets qu'il n'y aura pas d'intervention." Au toscan Montanelli, il déclara : " Je ne tolérerai pas que la dynastie de Lorraine soit restaurée par la force et par les bataillons autrichiens. Instituez un gouvernement provisoire ; consultez le pays par voie de plébiscite, et ce que le plébiscite décidera, je tâcherai de le faire prévaloir. " " Et qu'adviendrait-il, dit son interlocuteur, si la Toscane se prononçait pour l'annexion au Piémont ? " " C'est impossible, repartit Napoléon. " Peut-être une lueur de bon sens lui avait-elle fait entrevoir les dangers de la constitution au flanc de la France d'une seconde Prusse, selon le mot de lord John Russell. Mais que valait un programme qui, sans souci des stipulations de la paix de Villafranca, en abandonnait d'emblée plusieurs clauses et mettait la bride sur le cou des Italiens, en leur promettant d'empêcher toute intervention destinée à en assurer le maintien ? On rapporte que Victor-Emmanuel, ayant pris congé de Napoléon aux frontières de ses Etats, s'écria : " Enfin, il est parti ! " Sous ses yeux, il eût été peut-être malaisé de détruire son œuvre ; débarrassé de sa présence et convaincu de son inaction, on allait tout oser.

———————

CHAPITRE IV.

LES SUITES DE LA GUERRE. — LE TRAITÉ DE COMMERCE AVEC L'ANGLETERRE. — LES EXPÉDITIONS DE CHINE ET DE LIBAN. — COMPLICATIONS CROISSANTES EN ITALIE. — CONCESSIONS A L'ESPRIT DE LIBERTÉ.

I.

En France, l'opinion ne discerna pas tout de suite les périls de la situation. La fête du 15 août fut célébrée avec éclat ; on se flattait que tout était fini et bien fini. Jusque-là Napoléon, étroitement uni aux catholiques et aux conservateurs, n'avait pas cessé de faire preuve d'esprit de décision ; on ne se faisait pas à l'idée qu'il pût en être autrement. Désormais, ses défauts allaient se donner libre carrière ; il devait s'enfoncer de plus en plus dans le rêve, et l'on s'aperçut bientôt que la question italienne, loin d'être résolue par la guerre, recélait dans ses flancs des complications dont le dernier terme était encore obscur.

Il est vrai que Cavour s'était retiré du pouvoir, et en général, quand un homme politique, obéissant à un coup de tête ou à des mobiles sérieux, croit devoir abandonner la direction des affaires, il se condamne à ne pas y rentrer incontinent. Mais les successeurs de Cavour, bien que moins audacieux que lui, n'avaient pas d'autre politique que la sienne ; on ne tarda pas à s'en convaincre.

Napoléon laissait derrière lui une question brûlante: celle du sort de la Toscane, de Modène, de Parme et des Romagnes.

A Florence, le grand-duc devait être restauré. Mais les hommes qui étaient à la tête du mouvement ne l'entendaient pas ainsi ; ils consultèrent Turin et en reçurent des encouragements. On leur répéta cette parole de l'empereur : " Le traité consacre la restauration des princes, mais ne peut s'exécuter par la force. " Il ne fallait pas un grand art de divination pour saisir la portée d'un pareille sentence. Seulement, il était indispensable qu'un homme d'audace prît la direction de l'aventure ; cet homme, on l'avait trouvé dans la personne du baron Ricasoli, partisan avant l'heure de l'unité italienne et qui devait mettre au service de l'exécution de ce dessein des qualités impérieuses, lesquelles souvent exercent sur les peuples une fascination qui les subjugue. M. Buoncompagni était allé le chercher dans son château, l'avait fait entrer dans le gouvernement nouveau et, à la suite de son propre rappel, l'avait laissé seul maître du pouvoir. M. Ricasoli en profita pour pousser son pays à l'union avec le Piémont ; il provoqua des adresses dans ce sens et convoqua une assemblée conformément à une loi électorale de 1848, à l'effet d'émettre un vœu d'annexion. A Modène, à Parme et dans les Romagnes, sous l'action des émissaires sardes, le même plan fut suivi,

de sorte que, trois semaines après la conclusion du traité
de Villafranca, celui-ci était caduc : dans toute l'Italie
centrale, on répétait que, d'après la déclaration de Napoléon, il ne pouvait être exécuté que par la persuasion.

Quelques-uns cependant se demandaient ce que
ferait l'empereur. Resterait-il impassible et laisserait-il
s'effondrer son œuvre ? Les Italiens redoutaient l'influence du comte Walewski, ministre des affaires
étrangères, qui maintenait vis-à-vis de tous que les
traités doivent être exécutés à la lettre. Napoléon, lui,
témoignait beaucoup de bienveillance aux agents du
Piémont ; il y avait là un encouragement ; mais, par
contre, il recevait aussi très bien les princes dépossédés.
Était-ce double jeu ? Ou bien existait-il, sous des
dehors aimables pour tout le monde, une politique
arrêtée et quelle était cette politique ? On s'interrogeait
à cet égard avec anxiété à Turin et, pour tâcher de
dissiper les équivoques, on dépêcha à l'empereur un
grand seigneur milanais, le comte Arese, qui avait été
lié avec lui dans l'exil (¹). Le comte Arese fut accueilli
avec une faveur visible ; l'empereur se montra décidé
à ne pas abandonner les stipulations de Villafranca, sauf
en un point : il admettait l'annexion de Parme au
Piémont ; mais son interlocuteur s'aperçut bientôt
qu'il n'interviendrait pas en faveur de l'ancien état des
choses et même qu'il empêcherait l'intervention d'autrui : tout était là, car que valaient des sympathies
platoniques ? Pendant que ces pourparlers se poursuivaient, les élections toscanes avaient eu lieu, et

---

(1) Voir sur les relations du comte Arese avec le prince Louis-Napoléon
des articles du CORRESPONDANT, *Le Comte Arese*, 10 et 25 août 1896.

l'assemblée qu'elles avaient élue avait voté l'annexion du pays à la Sardaigne. Le comte Arese fut dépêché une seconde fois auprès de l'empereur et, pour réussir dans sa mission, il fut chargé de lui représenter que, à défaut d'une adhésion de sa part, des menées révolutionnaires pourraient surgir dans l'Italie centrale : la perspective de ces menées devint, à partir de ce moment, l'instrument à l'aide duquel on se flattait de l'entraîner. On ne se trompait pas ; il admit que, une telle éventualité se présentant, il ne pourrait s'opposer à une occupation militaire ; il parut même consentir à ce que Victor-Emmanuel acceptât la couronne toscane, mais sous la condition de l'approbation de l'Europe. Il cédait donc, peut-être plus qu'on ne l'espérait ; il y avait bien quelques réserves ; mais que pouvaient valoir ces réserves en présence du déchaînement de faits qu'il s'interdisait d'empêcher ?

Tandis qu'à Paris Napoléon donnait des réponses équivoques, mais plutôt encourageantes, les événements se pressaient de l'autre côté des Alpes. Modène et Parme avaient imité Florence. Trois délégations avaient été envoyées à Turin, et Victor-Emmanuel avait répondu, tout en reconnaissant la nécessité d'une ratification de l'Europe, qu'il serait heureux de réunir tous les peuples italiens sous son sceptre. Les intéressés accueillirent ces réponses avec enthousiasme, et ils les envisagèrent comme consacrant la réunion définitive. L'Autriche se plaignit ; une note du *Moniteur* français adressa quelques remontrances au Piémont ; mais déjà on ne tenait plus compte de protestations qu'aucune démonstration ne venait appuyer. Cependant, les événements s'accentuaient ; les Romagnes avaient imité la Toscane ; Victor-Emmanuel avait reçu leurs délégués et leur avait fait une réponse identique aux précédentes. Il donnait ainsi des gages de plus en plus marqués à la Révolution et, en s'attaquant aux possessions du Saint-Père, il s'exposait à se heurter aux réclamations des catholiques.

Celles-ci ne firent pas défaut ; elles prirent, surtout en France, un caractère de grande vivacité. Les évêques élevèrent la voix les uns après les autres, à l'exemple de Mgr Dupanloup et de Mgr Pie ; et, lorsqu'au retour de Biarritz, au commencement du mois d'octobre. Napoléon passa par Bordeaux, le cardinal Donnet, archevêque de cette ville, le pria de " mettre un terme aux anxiétés du monde catholique ". L'empereur enveloppa sa pensée dans des phrases ambiguës ; il déclara que le Pape ne recevrait de lui que " des conseils inspirés par le plus sincère, le plus respectueux dévouement " ; mais, en même temps, il fit allusion " au jour prochain où les troupes françaises évacueraient les États romains ". A la vérité, rentré à Paris, il éconduisit les délégués de la Toscane et de Modène ; bien plus, le 20 octobre, il fit publier, par le *Moniteur*, une lettre à Victor-Emmanuel, maintenant les stipulations de Villafranca, tout en consentant à l'annexion de Parme. Mais déjà les Italiens se considéraient comme assurés de réussir par l'audace et ils ne s'arrêtaient plus devant l'expression de sentiments dont maints indices énervaient la force. Aussi les assemblées de Toscane, des Romagnes, de Parme et de Modène se mirent-elles d'accord pour conférer la régence au prince de Carignan, qui ne pouvait être que le lieutenant de Victor-Emmanuel.

Napoléon ayant désapprouvé cette solution, on en imagina une autre. On détermina le prince de Carignan à refuser la régence pour lui-même et à déléguer ses pouvoirs à M. Buoncompagni ; l'Empereur témoigna quelque mécontentement, mais n'opposa pas de *veto*. Un nouvel acte s'ajoutait ainsi presque chaque jour à la comédie qui se jouait. Et pendant ce temps les plénipotentiaires européens achevaient de rédiger le traité de Zurich, qui confirmait le paix de Villafranca : il n'était pas encore signé, qu'il n'existait déjà plus.

Au milieu de cet imbroglio, l'idée d'un Congrès avait été mise sur le tapis, et naturellement chaque puissance y avait adhéré ; mais leurs dispositions ne pronostiquaient pas une issue favorable. L'Autriche se sentait impuissante ; la Prusse, alarmée un moment, semblait se recueillir ; la Russie n'avouait de sympathies que pour le roi de Naples ; quant à l'Angleterre, elle encourageait toutes les espérances du Piémont : lord Palmerston et lord John Russell parlaient de la formation d'un royaume d'Italie comme d'une chose désirable; ils jugeaient les Romagnes inutiles au Pape ; ils donnaient à entendre qu'il en était de même des Marches, et par là ils se substituaient à la France dans les bonnes grâces du gouvernement de Sardaigne. Cependant, les préparatifs du Congrès se poursuivaient ; après certaines tergiversations, Cavour avait été chargé d'y représenter son pays, et l'ouverture de ces assises solennelles avait été fixée au commencement de janvier 1860. Tout à coup parut à Paris une brochure retentissante intitulée *le Pape et le Congrès ;* on la disait inspirée par les Tuileries ; d'après une lettre de lord Cowley, ambassadeur d'Angleterre à Paris, à lord Russell du 25 décembre 1859, l'empereur avait dit : " Ce n'est pas moi qui ai écrit la brochure, mais j'en approuve toutes les idées. "

La brochure affectait pour le Pape un grand respect; elle déclarait le pouvoir temporel nécessaire ; mais en même temps elle cherchait à l'abolir en grande partie ; la séparation des Romagnes était un fait accompli ; la ville de Rome et la campagne voisine suffisaient au Pape : " plus le territoire sera petit, plus le souverain sera grand " ; la puissance pontificale devait résulter " moins de sa force que de sa faiblesse ". L'impression fut instantanément la même partout : c'est que Napoléon cédait à l'Italie. Chacun sentit en même temps que le Congrès était devenu inutile ; on n'en parla plus.

Jusque-là, on s'était demandé ce que voulait l'Empereur ; y avait-il chez lui parti pris ou faiblesse, volonté d'unifier l'Italie ou hésitation devant les difficultés ? Désormais, ces questions ne pouvaient plus se poser. Certes le problème continuera à être agité de savoir si de longue date Napoléon s'était résolu à aller jusqu'au bout, s'il avait calculé toutes les conséquences d'une semblable évolution et si la rupture avec sa politique antérieure était le fruit d'une cause secondaire, l'attentat d'Orsini, ou le résultat d'un plan d'action inspiré par des visées plus lointaines. Mais ce qui est indubitable, c'est que désormais le Pape était sacrifié et que, par là même, Napoléon se résignait à rompre avec les catholiques ; ce qui est vraisemblable aussi, c'est que, loin d'avoir une ligne de conduite nettement dessinée, il était entré de son plein gré dans la période des tâtonnements, substituant ainsi à son ancienne attitude conservatrice des attitudes diverses, dictées par les circonstances et exposées à tous les mécomptes naissant du rêve et de l'incertitude.

L'émoi des catholiques français fut grand : tandis que *le Siècle* exultait, Mgr Dupanloup protestait et *l'Univers* recevait un avertissement pour prix de ses reproches indignés. La presse romaine n'était pas moins irritée, et le 1er janvier 1860, le Pape, en réponse aux hommages de l'armée française, déclara que " la brochure était un monument insigne d'hypocrisie et un tissu ignoble de contradictions ", et que, quant à lui, il avait en mains des pièces émanées de S. M. Impériale et qui étaient la condamnation de ses principes. Napoléon, directement visé, crut devoir s'expliquer, et, dans une lettre au Souverain-Pontife, allant en apparence moins loin que la brochure, il lui conseilla de faire le sacrifice des provinces révoltées et de demander aux puissances de lui garantir la possession du reste de ses États. On ne se méprit pas sur la portée de ce document, qui fut publié le 11 janvier 1860 ; et, comme pour en fixer la véritable portée, l'empereur remplaça au ministère des affaires étrangères le comte Walewski par M. Thouvenel.

Une véritable insurrection morale éclata en France. Ce ne furent pas seulement les catholiques qui, dans des écrits retentissants, élevèrent des voix éloquentes ; les anciens parlementaires libéraux, M. Thiers, M. St Marc Girardin, M. Guizot, M. Cousin, M. Villemain entrèrent tour à tour en lice pour venger le droit public violé. Quant aux évêques, les uns se mirent à la tête de la campagne, les autres intervinrent directement auprès de l'empereur ; tous étaient approuvés par Pie IX qui, le 8 janvier dans une lettre à l'empereur et le 19 dans une Encyclique, fit résonner les échos du monde de ses protestations.

L'empire était encore assez fort pour comprimer ce mouvement ; il prodigua à certains journaux les avertissements ; il alla jusqu'à supprimer *l'Univers* ; il invita, par une note du *Moniteur*, " toute la presse à la modération dans l'intérêt de la paix publique et de la religion elle-même ". Mais, dès ce moment, le gouvernement lui devenait moins facile ; l'opposition, jusque-là dispersée, avait repris corps : c'était beaucoup d'avoir contre soi les catholiques et les révolutionnaires qui ne paraissaient le soutenir que pour le mieux renverser. Aussi l'évolution impériale restera-t-elle l'une des énigmes les plus indéchiffrables de la politique du siècle dernier.

Le Piémont n'avait désormais plus de raison de se gêner. Dès le 20 janvier 1860, Cavour redevenait ministre, et il inaugura son retour au pouvoir en répudiant dans une circulaire toute restauration des princes dépossédés et en revendiquant pour les populations italiennes le droit de disposer de leurs destinées ; il donna en outre des instructions partout pour que les vœux d'annexion se multipliassent, sous le prétexte que c'était là le seul moyen de prévenir l'anarchie ; enfin il affecta de resserrer ses liens avec l'Angleterre, pour faire craindre à la France d'être supplantée à Turin ; il obtint du comte Arese de nouvelles démarches auprès de l'empereur et il lui envoya comme chargé d'affaires un de ses jeunes élèves, M. Nigra.

A Paris, tout était incertitude et confusion. Napoléon venait, en mécontentant gravement Rome, de rompre avec les traditions conservatrices des dix premières années de son règne ; parfois il paraissait effrayé de son œuvre ; il déclara au comte Arese que la Sardaigne pourrait s'attribuer les duchés et les Romagnes en payant un tribut au Saint-Siège, mais que la Toscane devait être autonome sous le sceptre d'un prince de Savoie. Déjà cependant il manquait de l'autorité nécessaire pour faire accepter ses vues. Le comte Arese écrivit à Cavour : " Thouvenel vous enverra sur tout cela un ultimatum à l'eau de rose. " Cavour aurait pu patienter ; mais son audace croissait avec la mollesse de l'empereur ; il se hâta de repousser l'expédient relatif aux Romagnes et de déclarer qu'il lui fallait la Toscane ; de son côté, le cardinal Antonelli refusa d'accéder au morcellement des États pontificaux ; de sorte que les combinaisons imaginées à Paris étaient rejetées par tous les intéressés et que Napoléon, après n'avoir connu que des succès, voyait son intervention méconnue et ses conseils dénués de toute autorité.

Il se flattait cependant de contenir le Piémont. Le 1ᵉʳ mars, en ouvrant la session législative, il marqua de nouveau sa ligne de conduite : " J'ai conseillé, dit-il, au roi Victor-Emmanuel de répondre favorablement aux vœux des provinces qui s'offraient à lui, mais de maintenir l'autonomie de la Toscane et de respecter en principe les droits du Saint-Siège." Ce langage, si solennel qu'il fût, ne rencontra à Turin que du dédain. Cavour réunit dans leurs comices les populations des provinces révoltées ; partout l'annexion fut votée sous l'œil des émissaires piémontais ; dès le 18 mars, sans tenir compte des désirs de l'empereur, Victor-Emmanuel accepta la couronne des provinces qui s'étaient données à lui : " Désormais, dit-il, j'appellerai ces peuples mes peuples ", et le 2 avril s'assembla pour la première fois le parlement du Piémont agrandi. Alors l'empereur réclama des compensations ; elles avaient été promises à Plombières, ce qui prouve que de longue main les éventualités qui venaient de se dérouler avaient été entrevues et qu'on en avait supputé les conséquences. Cavour, rappelé au respect de ses engagements, ne crut pas pouvoir les renier, malgré les incitations de l'Angleterre ; il essaya bien d'excepter Nice de la cession ; mais il se heurta à des exigences inflexibles ; il finit par signer, tout en disant à l'envoyé de France, M. de Talleyrand : " Eh bien, monsieur le baron, désormais nous sommes complices. " Complices : c'était bien cela. On recourut à la comédie du suffrage universel à Nice et en Savoie ; puis le traité d'abandon fut voté par les Chambres.

Etait-ce la fin ? Non. " La complicité " soulignée par Cavour n'avait pas dit son dernier mot. Ayant donné des satisfactions au gouvernement français, Cavour allait poursuivre son œuvre dans le reste de l'Italie ; mais, avant d'en exposer les progrès, d'autres événements doivent nous arrêter quelques instants : je veux parler du traité de commerce avec l'Angleterre, de l'expédition de Chine et des massacres de Syrie.

II.

La lutte contre l'industrie anglaise était dans le patrimoine de la France. Napoléon crut devoir mettre fin à cet état de choses ; il aimait les thèses ; il était favorable au libre-échange. Dès 1856, on avait soupçonné ses tendances ; des remontrances étaient venues du Corps législatif et des villes industrielles. Secondé par Michel Chevalier, qui appela Cobden à Paris, il persista, et tout à coup, le 15 janvier 1860, dans une lettre à M. Fould, il condamna sans réserve " le vieux système de prohibition " ; le 23 janvier, un traité inspiré par cette idée fut signé avec l'Angleterre ; le 11 février, il fut publié : il consacrait un changement complet dans le régime économique de la France, en ouvrant largement le marché français aux produits britanniques, tout en accordant certains avantages à ses vins et à ses articles de fantaisie.

L'empereur se montrait ainsi une fois de plus l'homme des coups d'éclat, après avoir été l'homme du coup d'État. Il est dans la vie de certains souverains et de certains hommes politiques des périodes heureuses où tout leur est permis. Mais, depuis la guerre d'Italie, la période heureuse était close pour Napoléon, et c'était jouer une grosse partie que de rompre avec les protectionnistes après avoir rompu avec les catholiques. Un observateur attentif, Charles Gréville, écrivit à cette époque : " Pour braver le parti clérical et le parti protectionniste, il faut que l'empereur ait une extrême confiance dans son prestige personnel ; il sera intéressant de voir si l'événement justifiera cette audace. " L'événement ne devait pas la justifier, car " l'audace " devait alimenter la réaction qui déjà se produisait contre le pouvoir personnel. Le Corps législatif se montra blessé de la désinvolture avec laquelle on avait procédé vis-à-vis de lui, car le traité ne lui avait pas été soumis. Aussi, à l'occasion d'un projet de la loi relatif aux droits sur les matières premières, il manifesta ses appréhensions ; le débat qui surgit à cette occasion " marqua les sympathies de la Chambre pour un régime économique prudent, soucieux de ménager les transitions ; il révéla en même temps le réveil de plus en plus significatif de l'esprit de contrôle ". Décidément, les jours faciles étaient passés pour l'empire.

Vers le même temps, le gouvernement français se trouva appelé à intervenir dans l'Extrême-Orient. La Chine était fréquemment, plus fréquemment que maintenant, le théâtre de massacres de chrétiens. Il en avait été ainsi en 1858. La France et l'Angleterre ayant demandé satisfaction, un traité avait été conclu ; mais, lorsqu'il s'agit de le faire ratifier à Pékin par les ministres des deux puissances, la Chine voulut leur imposer une route détournée pour arriver à la capitale, en d'autres termes, leur infliger une humiliation. Aussitôt il fut résolu qu'il serait tiré vengeance de l'affront, et une expédition fut préparée. Peut-être la France et l'Angletere obéirent-elles dès ce moment à une impulsion qui devait bientôt pousser les générations nouvelles vers toutes les extrémités du globe. Cette tendance ne pouvait être qu'heureuse, si, en jetant les nations de l'ancien monde dans des voies inconnues jusque-là, elle les détournait de leurs rivalités séculaires et les déterminait à protéger au loin le libre essor de l'Évangile. C'est à cette condition seulement que la politique coloniale restera utile au progrès de la civilisation.

La campagne qui s'engagea en Chine fut essentiellement une campagne de succès aisés, et n'était l'infatuation des Chinois professant encore à cette époque pour " les barbares de l'Occident " le plus hautain mépris, on aurait peine à comprendre comment une petite armée de 18,000 hommes, que réduisirent successivement les maladies et les combats, ait pu, dans un espace de temps très court, réussir à forcer tous les obstacles, à pénétrer jusqu'à Pékin et à y réduire en cendres le palais d'été de l'empereur après l'avoir pillé. Mais la France impériale récoltait ses derniers succès ; en Chine, elle défendait la cause de la civilisation chrétienne et, en le faisant, elle méritait la gratitude de tous ceux auxquels cette cause était chère. Aussi ne put-on qu'applaudir au traité qu'elle imposa aux vaincus à la date du 24 octobre 1860 et qui les obligeait à laisser à la religion chrétienne son libre exercice et aux missionnaires toutes facilités de propagande. Le 29 octobre, le christianisme reprit officiellement pied à Pékin, et un *Te Deum* fut chanté dans l'ancienne cathédrale, élevée par les Portugais au temps de leur glorieux apostolat.

La clause qui accordait pleine liberté à la religion chrétienne ne fut pas partout observée. Mais c'était beaucoup d'avoir obtenu du gouvernement chinois qu'il y adhérât, et si, dans un aussi immense territoire, on ne pouvait se flatter d'obtenir du premier coup une soumission sans réserve à une telle réforme, il ne faut pas oublier que tout, dans la vie de l'humanité, se fait par étapes et que les conquêtes les plus fécondes et les plus étendues ne commencent souvent que par des avantages partiels.

La France, quoique engagée en Chine, n'hésita pas, au cours de cette année 1860, à prendre en mains les intérêts d'une autre portion intéressante du peuple chrétien, je veux parler des Maronites du Liban, qu'elle avait toujours envisagés comme ses protégés. Là aussi, d'affreuses tueries avaient eu lieu, et le fanatisme musulman, une fois rallumé, devait bientôt étendre sa rage sur les chrétiens de la ville de Damas. Plus de 10,000 hommes périrent dans ces divers endroits ; une foule d'autres éprouvèrent des pertes matérielles considérables.

Dès le 16 juillet 1860, l'intervention française fut résolue et des troupes furent envoyées dans le Liban. Seulement les effets de l'expédition furent médiocres. L'Angleterre était défiante ; elle était écoutée à Constantinople, et dans cette ville du reste siégeait un gouvernement qui, tout affaibli qu'il était, avait hérité d'un patrimoine d'habileté qu'il exploitait avec un succès marqué. A la première nouvelle de l'embarquement d'un corps d'armée français, la Porte s'était efforcée de paralyser sa mission. Bientôt le terme assigné à l'intervention arriva ; l'Angleterre insista pour qu'il ne fût pas dépassé : " Nous ne voulons pas, disait lord John Russell, créer en Orient un nouvel État pontifical et donner à la France un nouveau prétexte d'occupations indéfinies. " L'intervention fut cependant quelque peu prolongée ; mais, dès le 5 juin 1861, les troupes françaises achevèrent de se rembarquer. On aurait tort néanmoins de penser que l'initiative prise par l'empereur Napoléon ait été complètement stérile ; elle avait déterminé le sultan à agir ; elle amena aussi la réorganisation du gouvernement du Liban et la nomination d'un Arménien catholique, Daoud-Pacha, comme gouverneur.

L'expédition de Syrie fut, il faut le reconnaître, l'un des actes les meilleurs du régime impérial. Une dernière fois, la France s'était laissé guider par le désir de servir la cause de la civilisation et de l'humanité. Le vœu public n'était pas douteux : Napoléon s'en était fait l'exécuteur. On peut croire néanmoins que, si les résultats de l'expédition ne furent pas plus accusés, c'est que l'Empereur se trouvait aux prises avec des embarras croissants du côté de l'Italie et qu'il lui était difficile de partager son attention entre les deux intérêts.

Quoi qu'il en soit, le traité de commerce avec l'Angleterre, les campagnes de Chine et de Syrie attestent le rôle important que jouait encore à ce moment Napoléon III. Mais ce rôle allait s'énerver de plus en plus, et la France impériale, détournée de sa route par la plus inexplicable évolution, était destinée à ne plus guère connaître que des jours sombres et inquiets.

III.

En Italie, la situation se tendait à vue d'œil.

Le 2 avril 1860, en ouvrant le Parlement, Victor-Emmanuel avait dit : " L'Italie doit être l'Italie des Italiens. " Ces paroles étaient une menace pour Rome, Naples et Venise, et déjà dans les Marches et dans la Ville éternelle on semait une agitation semblable à celle dont le Piémont avait recueilli les fruits dans les États du centre.

Au Vatican, on se demandait si le devoir du Saint-Siège n'était pas de chercher à organiser la résistance à la politique de spoliation qui le menaçait de plus en plus. La protection française ne s'étendait qu'à Rome et au patrimoine de Saint-Pierre, et puis, combien de temps durerait-elle ? De nombreux indices autorisaient à craindre que l'appui du gouvernement impérial ne fût devenu précaire. Jusque-là le cardinal Antonelli avait été tout puissant ; diplomate consommé, habile à n'accorder que ce qu'il voulait sans blesser ses interlocuteurs, il avait vécu de délais et de temporisations ; il avait, en outre, toujours cherché à s'appuyer sur les puissances, et sa politique se concentrait dans l'immobilité. Mais les derniers événements avaient prouvé que le concert européen, pour défendre le droit public, n'était plus qu'un vain mot, et qu'en persévérant dans la voie qu'il suivait, le Saint-Siège risquait de perdre toutes ses possessions territoriales. Aussi Pie IX écoutait-il avec une faveur croissante l'un de ses camériers qui voulait organiser une force défensive de l'Etat pontifical. Xavier de Mérode avait bien des qualités pour faire prévaloir ses vues ; il était de noble race et de grand cœur ; étranger à tout détour, à toute ruse, il était la droiture même et disait la vérité sur chacun ; il devait plaire auprès de ceux qui étaient les victimes des machinations d'une politique cauteleuse.

Au printemps de 1860, le parti du Saint-Père fut pris ; le cardinal Antonelli resta chargé des rapports avec les puissances ; mais Mgr de Mérode devint ministre des armes avec la mission d'organiser une armée. Les ressources ne manquaient pas ; on comptait sur le denier de Saint-Pierre, qu'un pieux élan catholique avait rétabli dans presque tous les pays de l'Europe. Mais il fallait trouver un chef pour la nouvelle armée. Mgr de Mérode songea au général de Lamoricière ; il alla le trouver et obtint son adhésion. Lamoricière ne vit que la grandeur de la cause ; il ne se faisait pas d'illusions : " Je n'ai vraiment espoir qu'en Dieu, écrivait-il au général Bedeau, car, d'après ce que je sais, la force d'un homme ne peut suffire à l'œuvre que je vais entreprendre. " Le secret avait été bien gardé, et, lorsque tout à coup Lamoricière parut à Rome, il y eut des froissements du côté de l'ambassade de France ; ceux-ci s'apaisèrent sous l'influence de loyales explications ; seulement une certaine tension subsista dans les rapports.

L'armée pontificale comprenait 7 à 8000 hommes dans un assez triste état. Lamoricière s'efforça de la réorganiser et de la compléter ; des volontaires accoururent de divers pays ; la plupart formèrent le corps des zouaves pontificaux. Le cardinal Antonelli envisageait tout ce travail d'un œil sceptique ; M. de Grammont, ambassadeur de France à Rome, estimait que, dans les conditions nouvelles où l'Etat pontifical organisait sa défense, il y avait lieu pour les troupes françaises de quitter Rome ; à Paris, on approuvait ces vues ; on se disait rassuré sur les intentions du Piémont : " Nous sommes certains, écrivait M. Thouvenel le 1er mai 1860 à M. de Grammont, que le gouvernement sarde ne songe pas à attaquer les Marches. " Cette confiance était naïve ; mais elle était en harmonie avec le changement d'idées qui inspirait la politique impériale ;

aussi décida-t-on que le corps expéditionnaire serait successivement rapatrié de juin à août 1860. Mais avant que la date fixée pour l'exécution de ce projet fût arrivée, Garibaldi s'était embarqué pour la Sicile avec ses volontaires.

Peu de temps après Villafranca, Cavour avait dit chez ses amis de la Rive : " Je m'occuperai de Naples ; on m'accusera d'être un révolutionnaire ; mais avant tout il faut marcher, et nous marcherons. " Il calculait probablement qu'en plaçant l'Etat pontifical entre deux feux, Rome finirait par tomber en son pouvoir et qu'ainsi l'unité italienne serait faite. Pour accomplir ce dessein, il s'adressa à Garibaldi, non directement, mais par l'entremise de deux amis du condottiere, Nino Bixio et Crispi, et il lui demanda de se joindre aux quelques insurgés qui battaient la campagne sicilienne ; Garibaldi parut d'abord hésiter ; mais Cavour ayant promis son appui ouvertement, quand l'heure serait venue, il se laissa tenter et appela autour de lui à Gênes un millier de volontaires. Le gouvernement sarde lui fournit clandestinement des armes ; la police ferma les yeux, et quand la diplomatie voulut poser des questions au sujet de ce rassemblement d'hommes, Cavour s'y déroba, en s'absentant de Turin. Pendant la nuit du 5 au 6 mai, l'embarquement eut lieu ; les diplomates étrangers, aussitôt avisés, s'émurent de nouveau ; on leur répondit que les bâtiments portant les volontaires étaient signalés et qu'on les arrêterait ; mais en même temps on avertit l'amiral Persano, qui était à Cagliari, de les laisser poursuivre leur route, s'ils voguaient en pleine mer. C'est ainsi que l'expédition arriva le 11 à Marsala ; elle y débarqua ; les mille défilèrent par les rues de la ville et Garibaldi se proclama le dictateur de l'île.

A Turin, M. de Talleyrand fit des remontrances hautaines. Cavour ne s'en embarrassa guère et nia toute participation à l'entreprise. Pendant ce temps, Garibaldi se rendait maître de la Sicile ; les troupes royales se retirèrent successivement devant lui, le laissèrent entrer à Palerme, puis se réfugièrent à Messine : toute l'île, à part ce dernier point, était entre ses mains. Ces succès ne laissèrent pas que de préoccuper Cavour, et, en même temps qu'il cherchait à provoquer la désertion de la flotte napolitaine, il mettait tout en œuvre pour que Garibaldi n'échappât pas à son action ; non content d'envoyer l'amiral Persano à Palerme, il expédia un de ses agents, La Farina, vers le dictateur, pour le contenir et le surveiller.

A Naples, la stupeur était grande ; on y vivait dans une atmosphère de trahison. Pour montrer à quel point l'ahurissement dominait, il suffit de dire qu'on réclama l'appui de Napoléon. Celui-ci fut fidèle à l'attitude qu'il avait adoptée depuis un an : "Tout désapprouver, mais laisser faire." " Ah ! répondit-il à une ambassade napolitaine, pourquoi votre gouvernement n'a-t-il pas en temps utile écouté mes avis ? " Puis il posa ses conditions : organisation autonome pour la Sicile, établissement du régime constitutionnel, entente avec le Piémont. On se récria ; l'empereur insista : " Nous sommes, dit-il, sur le terrain des faits ; je ne souhaite pas l'annexion de l'Italie méridionale ; mais je ne puis défaire ce que j'ai créé, ni renoncer au principe de non-intervention ; Cavour est homme de sens ; il sent les périls de la révolution, ne veut procéder que progressivement : entendez-vous avec lui. '' Conseiller l'entente avec un ennemi qui ne voulait pas d'accord, c'était recommander une solution dérisoire ; en dehors de là, il n'y avait de possible qu'une intervention ; mais Napoléon n'en voulait pas ; l'intervention était interdite à l'Europe ; elle était permise au Piémont !

Dans cette situation extrême, on résolut à Naples de négocier avec Cavour en vue d'une alliance, et M. de Talleyrand reçut l'ordre d'appuyer cette négociation. Toujours fidèle à sa tactique, Cavour temporisa ; il posa des conditions, et en même temps il ameuta l'opinion contre le gouvernement napolitain ; finalement il répondit le 17 juillet : '' Il faut que le roi de Naples renonce à recouvrer la Sicile. '' Les envoyés napolitains à Turin se résignèrent à reconnaître aux Siciliens le droit de disposer d'eux-mêmes. Mais déjà cette concession, si grande qu'elle fût, était inutile ; les événements se pressaient. Les troupes napolitaines avaient tenté d'opérer une sortie de Messine ; elles avaient été battues ; les défections se multipliaient dans la flotte royale, et dans l'entourage même du roi se trouvaient des complices tâchant de provoquer des mouvements populaires ou une sédition militaire. Cavour multipliait ses intrigues ; le 9 août, il écrivait à l'amiral Persano : '' Il faut aider la Révolution, mais faire en sorte qu'en face de l'Europe elle apparaisse comme un acte spontané. '' En même temps, il s'efforçait de circonvenir Garibaldi pour l'empêcher de s'attribuer les fruits de la campagne.

Les choses en étaient là, quand le condottiere débarqua en terre ferme. Le roi François II était entouré de traîtres ; le comte de Syracuse et le ministre de l'intérieur, Liborio Romano, l'engagèrent à abandonner la capitale et à constituer une régence ; il s'y refusa ; mais les bandes garibaldiennes avançaient ; les troupes royales se dissolvaient, et le roi qui valait mieux que sa fortune, ne voulant ni combattre en rase campagne avec des éléments dont il n'était pas sûr, ni livrer Naples aux horreurs de la guerre, finit par se résoudre à se retirer à Gaëte, dans l'espoir qu'un réveil de l'Europe lui permettrait de reconquérir son trône. Le 6 septembre, il quitta Naples ; le 7, Garibaldi y entra, accompagné de Liborio Romano, qui devint son ministre ; il apparaissait comme un libérateur ; son prestige était sans bornes.

Mais Cavour n'entendait pas que les bénéfices de l'entreprise lui échappassent ; puis, jusqu'où n'irait pas Garibaldi si on le laissait faire ? De Naples ne se dirigerait-il pas vers Rome, et de là vers la Vénétie, où il se heurterait à la France et à l'Autriche ? Pour prévenir cette extrémité, Cavour résolut d'employer le moyen qui lui avait déjà réussi plusieurs fois : celui d'invoquer la nécessité d'assurer l'ordre et de faire de cette nécessité un prétexte pour franchir la frontière pontificale et aller jusqu'à Naples. Mais il voulait se procurer avant tout l'assentiment de l'empereur Napoléon, et comme au mois d'août celui-ci devait se rendre à Chambéry, il lui dépêcha M. Farini, ministre de l'intérieur, et le général Cialdini. Ceux-ci lui remontrèrent l'utilité qu'il y avait à occuper l'Ombrie et les Marches pour barrer le chemin à Garibaldi, et Napoléon, au lieu de proclamer que son devoir et son honneur étaient de conserver ces provinces au Pape en arrêtant, s'il le fallait, l'envahisseur dans sa marche, Napoléon approuva tout et recommanda même la célérité : " Faites vite ! " aurait-il dit.

Il est difficile de contester que ces mots aient été réellement prononcés, et ils marquent la conduite de l'empereur d'un stigmate ineffaçable ; sa complicité, voulue ou non, devenait de plus en plus grave. A la suite de l'entrevue de Chambéry, Cavour manda le 8 septembre à M. de Villamarina : " Nous avons décidé que nous occuperions les Marches et l'Ombrie ; nous ferons cela la semaine prochaine. " En même temps, il avertit l'amiral Persano de se tenir prêt à se diriger vers Ancône, et bientôt l'amiral leva l'ancre en vue de cette destination. Mais, vis-à-vis de l'Europe et du Saint-Père lui-même, il fallait trouver un subterfuge. On prit le premier venu sans se préoccuper du point de savoir s'il était sérieux ; un ultimatum fut adressé au Saint-Siège pour protester contre les armements pontificaux " qui offensaient la conscience publique de l'Europe et de l'Italie ", et pour le sommer " de désarmer immédiatement tous les corps étrangers qui étaient une perpétuelle menace à la tranquillité de l'Italie ". Puis, comme pour marquer le caractère dérisoire d'un semblable prétexte, les troupes sardes franchirent le 11 septembre la frontière pontificale, avant que le Saint-Siège eût eu le temps de répondre.

Quelles étaient les forces dont Lamoricière disposait ? Elles s'élevaient nominalement à 14,000 hommes, mais se réduisaient, déduction faite des non-valeurs, à 7 ou 8,000 hommes. Cette petite armée comprenait des éléments divers, mais surtout des Français, des Hollandais et des Belges ; parmi les Français figuraient beaucoup de légitimistes. Lamoricière était loin de s'attendre à une invasion ; il n'était du reste pas prêt à la repousser et ses forces étaient insuffisantes. Dès qu'il apprit par la rumeur publique les projets du Piémont, il songea à se retirer sous les murs d'Ancône pour y attendre les résolutions de l'Europe ; au préalable, il en référa au Saint-Siège et aussitôt des dépêches s'échangèrent entre Rome et Paris.

Justement l'empereur venait de quitter sa capitale pour se rendre en Algérie et il avait atteint Marseille. Le moment était singulièrement choisi pour une telle absence, et on la soupçonna d'être voulue. M. Thouvenel se trouvait très embarrassé ; il n'était guère favorable au Pape ; mais, préoccupé d'une agression qui pourrait soulever le sentiment public en Europe, il pria l'empereur de l'autoriser à le rejoindre à Marseille. L'empereur, au lieu de l'appeler près de lui, lui répondit le 8 septembre qu'il avait l'intention d'écrire au roi de Piémont : " Je suis forcé de vous faire connaître mes intentions. „ Si, comme l'a dit M. Farini, vos troupes n'entrent „ dans les Etats du Pape qu'après une insurrection et „ pour y rétablir l'ordre, je n'ai rien à dire ; mais si, „ pendant que mes soldats sont à Rome, vous attaquez „ le territoire de l'Eglise, je suis forcé de retirer mon „ ministre de Turin et de me placer en antagoniste. " Cette lettre reflétait les dispositions d'esprit de son auteur depuis le commencement des événements : il n'entendait rien approuver ; il protestait même ; mais quand il s'agissait de donner une sanction à sa réprobation, il enveloppait sa pensée d'un langage sibyllin qui permettait les interprétations les plus opposées. C'est pendant que l'empereur méditait cette réponse, que l'ultimatum piémontais fut expédié à Rome. M. Thouvenel, indigné, insista auprès de Napoléon pour que la France fît à Turin une démarche d'un caractère bien net et ayant la portée d'une sommation. Mais l'empereur se contenta d'avertir le roi que si ses troupes entraient dans les Etats du Pape " sans motif légitime ", il serait " forcé de s'y opposer " ; il ajouta qu'il donnait l'ordre d'augmenter la garnison de Rome. Tout cela était bien équivoque : " Sans motif légitime ": le Piémont prétendait qu'il en avait ! " Forcé de s'y opposer " : comment ? et s'agissait-il seulement de préserver Rome plus efficacement ?

Mgr de Mérode, informé de la lettre de l'empereur au roi de Sardaigne, crut pouvoir lui donner une signification favorable ; il écrivit au général de Lamoricière que " l'empereur s'opposerait par la force aux troupes piémontaises " ; aussitôt l'ambassadeur de France protesta, et la lettre de Napoléon ayant été communiquée à Cialdini et à Cavour, le premier répondit qu'il avait vu l'empereur à Chambéry et qu'il ne s'arrêterait pas, le second, " que les chefs des légations, et à leur tête celui de la légation française, s'agitaient et protestaient, mais que le roi et ses ministres ne s'émouvaient pas ; que l'important était de faire vite ". En conséquence, on fit vite. M. de Talleyrand fut rappelé et remplacé par un chargé d'affaires. Cette mesure ne donna le change à personne, et M. de Grammont écrivit : " Il n'y a personne qui ne soit entièrement convaincu de notre complicité avec le Piémont. Le rappel de M. de Talleyrand n'a fait aucun effet ; cela devait faire partie de la mise en scène... Si nous devons continuer la même faction, j'en serai réduit à me cacher. "

Pendant ce temps, l'empereur abordait en Algérie et les plus tristes événements se déroulaient dans les États pontificaux. Le 11 septembre, les Piémontais avaient franchi la frontière papale avec 33,000 hommes, et cette brusque invasion rendait à Lamoricière toute concentration sous les murs d'Ancône impossible sans un combat. Celui-ci fut livré le 18 à Castelfidardo. Des prodiges de valeur furent faits par la petite armée pontificale ; les zouaves surtout se couvrirent de gloire; mais il leur fut impossible de tenir tête longtemps à un ennemi disposant de forces énormes. Lamoricière se réfugia avec quelques cavaliers à Ancône, où déjà l'escadre sarde commençait l'attaque par mer. Il se berçait de l'espoir que les troupes françaises de Rome viendraient à son secours ; mais il ne tarda pas à devoir renoncer à cet espoir ; la place, bombardée du côté de la terre comme de la mer, ne pouvait tenir ; elle se rendit ; le 28, la capitulation fut signée.

Lorsqu'on connut la déroute de Castelfidardo, l'indignation fut générale chez ceux auxquels le bon droit n'était pas indifférent ; le faible avait été écrasé par le fort ; les plus nobles victimes avaient succombé, et, comme le sang de la France avait coulé abondamment, c'est de ce pays surtout que des protestations véhémentes s'élevèrent. L'oraison funèbre prononcée par

Mgr Dupanloup est restée célèbre ; au pied de la chaire du prélat, Berryer pleurait. Tout le monde accusait l'empereur de connivence ; sur ces entrefaites, il était revenu d'Algérie : son éloignement avait duré juste le temps nécessaire pour que l'attentat pût se commettre impunément. Le public ne comprenait rien à cette politique d'abdication. Les puissances étaient pour la plupart hostiles aux actes du Piémont, mais ne se croyaient pas en mesure d'intervenir pour les réprimer; bien plus, l'Angleterre les approuva ; dans une dépêche du 27 octobre, elle affirma, sans verser son sang ni dépenser son or, le droit des Italiens d'abattre leurs gouvernements et de former un grand État ; elle trouvait ainsi le moyen de se substituer à la France dans la reconnaissance des Italiens.

Cavour avait certes tâté le pouls de l'Europe, et du reste ses prodigieux succès en faisaient un disciple de la fortune. Sans perdre de temps, il demanda aux Chambres l'autorisation d'annexer, par voie de plébiscite, les Marches, l'Ombrie et l'Italie méridionale ; en même temps, il proclama les bienfaits de la liberté religieuse et rendit hommage au Saint-Père qui, débarrassé, dit-il, des choses temporelles, trouverait sa vraie force dans l'amour de 28 millions d'Italiens. François II était encore à Gaëte ; mais Cavour ne s'en souciait nullement ; il avait même feint d'oublier que les représentants du roi étaient à Turin ; Victor-Emmanuel ne s'en préoccupa pas davantage ; le 7 novembre, il fit son entrée à Naples ; il offrit à Garibaldi des honneurs et des dotations ; Garibaldi les refusa, mais il réclama pour ses compagnons d'armes des avantages vraiment excessifs ; n'ayant pu les obtenir, il s'embarqua pour Caprara en disant : " Vous savez ce qu'on fait des oranges, on en presse le jus ; puis on les jette dans un coin.

Il restait pour le Piémont à poursuivre la chute de Gaëte. Napoléon prit alors une mesure singulière ; il envoya une escadre française dans les eaux de cette ville, pour en empêcher le blocus du côté du port. Cavour, habitué aux succès prompts et faciles, s'irrita et lord John Russell avec lui ; ils n'obtinrent pas le départ immédiat des vaisseaux français ; mais, au bout de deux mois, n'ayant pas réussi à convaincre François II de la nécessité de céder à la mauvaise fortune, Napoléon retira sa flotte ; l'amiral Persano la remplaça, attaqua par mer la petite forteresse et la réduisit à capituler ; le 3 février 1861, le roi François II fut recueilli par un aviso français et se retira à Rome.

IV.

L'empereur Napoléon ne pouvait se dissimuler la gravité des mécontentements qu'il avait soulevés. Il chercha à les calmer en faisant à l'esprit de liberté quelques concessions. Dès le 24 novembre 1860, il avait porté un décret attribuant au Corps législatif des prérogatives nouvelles. Ce décret lui reconnut le droit de présenter une Adresse en réponse au discours du trône, c'est-à-dire de passer en revue toute la politique de l'empire ; il permit la reproduction par la sténographie des débats ; il facilita l'usage du droit d'amendement, puis créa sous le nom de ministres sans portefeuille des avocats du pouvoir chargés de défendre ses actes. Ces ministres, aussitôt désignés, furent MM. Barcche, Magne et Billault, tous trois hommes de grand talent et de haute capacité, dont le choix à lui seul marquait l'importance de l'institution nouvelle. A quelque temps de là, le président du Corps législatif, M. de Morny, ayant rencontré Emile Ollivier, lui dit : " Eh bien, j'espère que vous êtes content ? " " Oui, sans doute, répondit son interlocuteur ; seulement permettez-moi d'ajouter : si c'est une fin, vous êtes perdu ; mais si c'est un commencement, vous êtes fondé ". Il eût été bon de faire observer aussi que l'Empire était dans tous les cas perdu, si le chef de l'État ne renonçait pas, dans les affaires extérieures, à toute direction personnelle et exclusive.

La prérogative de la discussion d'une Adresse empruntait aux circonstances une importance sérieuse. La session législative ayant été ouverte le 4 février 1861, le Sénat aborda le premier l'examen de la politique du gouvernement. Plusieurs sénateurs s'étant prononcés en faveur de la souveraineté pontificale, tout à coup le prince Napoléon prit la parole et prononça un discours véhément contre le Saint-Siège, le général de Lamoricière et Mgr de Mérode ; il traita le pouvoir du Saint-Père de vase fêlé, et il termina par une apologie audacieuse de l'Italie nouvelle. Ce discours fit scandale; mais le gouvernement se l'appropria en quelque sorte en le publiant dans le *Moniteur des Communes*, et Cavour, ravi, écrivit à son auteur : " Le discours de Votre Altesse est pour le pouvoir temporel du Pape ce

que Solferino a été pour la domination autrichienne. "
Au Sénat, il avait suscité de vives contradictions, et
l'on n'avait pas été peu étonné que, dans une assemblée
si soumise, un amendement en faveur de la Papauté
temporelle eût pu réunir 61 voix sur 139 votants.

Le débat devait reprendre au Corps législatif. Dans
l'intervalle, les démonstrations catholiques s'étaient
multipliées ; par contre, une nouvelle brochure avait
paru, intitulée *la France, Rome et l'Italie* et signée de
M. de Laguéronnière. Elle accusait nettement le Pape
d'avoir amené les événements d'Italie par son obsti-
nation à ne pas se laisser dépouiller et elle passa pour
refléter la pensée impériale. Le 11 mars, la discussion
de l'Adresse commença au Corps législatif. Elle fut
marquée par un discours émouvant de M. Keller,
discours qui mit le gouvernement sur la sellette et
dont les accents sont restés dans la mémoire des con-
temporains. M. Keller termina par cette apostrophe :
"Dites donc ce que vous êtes, l'ordre ou la révolution ! "
M. Billault répondit, mais sans dissiper les équivoques,
et tel fut le mouvement qui se produisit au sein de
l'assemblée, que le ministre put dire : " Quel chemin
nous avons fait depuis huit jours ! " Il aurait pu ajouter
que ce chemin se faisait au moment où l'étoile impériale pâlissait. On se compta sur un paragraphe du
texte de la commission exprimant le regret de voir le
Pape résister à de sages conseils ; le paragraphe fut
voté par 126 voix contre 91. C'était la première fois
depuis dix ans qu'une opposition de cette importance
se manifestait au sein du Corps législatif ; c'était une
opposition de droite à côté de l'opposition de gauche

qui ne comptait que cinq membres. M. de Persigny, ministre de l'intérieur, vexé de se résultat, menaça les députés récalcitrants de leur retirer le patronage officiel ; mais cette menace, toute puissante en d'autres temps, se trouvait singulièrement énervée par les mécontentements que le gouvernement commençait à éveiller.

Pendant qu'en France toute cette effervescence se produisait dans l'élite intellectuelle et religieuse du pays, le parlement italien s'était réuni pour la première fois ; il avait décerné au roi Victor-Emmanuel la couronne d'Italie. L'Italie était une, sauf Rome et la Vénétie, et il n'était pas difficile d'entrevoir que Rome était désormais son objectif, en attendant qu'elle pût tenter de nouveau le sort des armes pour arracher Venise à l'Autriche.

Au moins, Cavour allait-il laisser à son action quelque répit ? Non ; on eût dit qu'il sentait le temps lui échapper. Il se retourna vers Paris et demanda à l'empereur de retirer ses troupes de Rome, prenant l'engagement de s'abstenir de toute attaque contre le Saint-Père. C'était là assurément une vaine promesse ; car, s'enhardissant toujours, il avait déclaré au sein du Parlement, que Rome devrait être et serait la capitale de l'Italie ; " mais en même temps, avait-il ajouté, nous proclamerons la liberté de l'Église, et les bienfaits de la liberté seront si grands, qu'en peu d'années les partisans de l'Église, s'ils acceptent ce système, auront le dessus dans le pays légal ". Il résumait cette pensée dans une formule devenue fameuse : l'Église libre dans l'État libre. Était-il sincère ? On l'a affirmé ; il avait fait campagne avec les ennemis de l'Église ; mais il ne s'était jamais montré animé de haine religieuse. Dans des confidences à ses intimes, il manifestait l'espoir de réaliser en deux années le plan qu'il venait de tracer. Mais l'homme, s'il se conduit souvent comme s'il était le maître de sa vie, ne l'est pas. Cavour ne devait pas voir l'achèvement de son œuvre. Depuis longtemps, il souffrait du surmenage auquel il était soumis, bien que les effets n'en fussent guère apparents. Le 18 avril, il eut une lutte à soutenir à la Chambre contre Garibaldi qui se plaignait du sort fait à ses compagnons d'armes ; il répondit avec véhémence ; mais on fut frappé de son état de surexcitation et d'épuisement. Le 29 mai, il fut atteint d'une fièvre violente, et le mal prit rapidement une extension qui ne laissa aucun espoir. Il fut administré le 5 juin par son curé et il lui dit : " Je veux que le peuple de Turin sache que je meurs en bon chrétien. " Étrange préoccupation de la part d'un homme que rien n'avait arrêté ; mais Dieu seul apprécie les mobiles des actions ; c'est à lui qu'il appartient de faire justice ou miséricorde. Le Roi visita le moribond ; mais déjà celui-ci était envahi par les ombres de la mort ; le 6, il expira.

A peine eut-il rendu le dernier soupir, que Napoléon reconnut l'Italie nouvelle, montrant ainsi que, s'il semblait parfois retirer sa main protectrice, c'est qu'il n'y voyait aucun danger pour le jeune royaume ; le croyait-il menacé, il l'aidait ou l'encourageait. Cependant, l'œuvre fondée par Cavour constituait une menace pour la France ; elle fut aussi le point de départ d'une série d'événements qui, tandis que l'Italie se consolidait, devaient petit à petit battre en brèche le trône impérial. La question allemande allait se mêler à la question italienne, et la France impériale, qui avait atteint avant la guerre de 1859 son point culminant de prospérité, descendait déjà le versant au bas duquel était pour elle l'abîme.

CHAPITRE V.

L'EXPÉDITION DU MEXIQUE. — DIFFICULTÉS INTÉRIEURES
ET EXTÉRIEURES. — LES ÉLECTIONS DE 1863 : LEURS
RÉSULTATS.

I.

Pendant que Napoléon était aux prises avec les
difficultés que lui suscitait l'Italie, il méditait l'établissement d'un empire au Mexique. N'avait-il pas
conscience des embarras croissants que l'Europe allait
lui apporter ? On est tenté de le croire, car, dans cette
période si funeste pour lui, il se montra de plus en
plus dominé par les rêves et insoucieux des réalités.

Le Mexique était en proie aux discordes intérieures;
les étrangers qui y étaient établis se voyaient les
victimes de violences et d'exactions ; leurs gouvernements n'avaient pas réussi à leur faire obtenir justice ;
Juarez avait promis des réparations : elles ne furent
pas allouées. De là l'idée d'une intervention, recommandée par M. de Saligny, ministre de France à
Mexico, et à l'appui de laquelle on invoquait l'utilité
d'une digue à opposer aux envahissements toujours

menaçants des États-Unis. Ces raisons n'étaient pas sans valeur. Mais que de dangers à vouloir blesser, surtout à une si grande distance, le sentiment national, et comment se flatter de pouvoir établir et surtout soutenir un ordre de choses qu'il envisagerait comme un défi ! Le gouvernement français ne s'arrêta pas devant ces objections ; mais, comme par un reste de sagesse, il s'adressa, en vue d'une action combinée, à l'Angleterre et à l'Espagne, dont les nationaux se plaignaient également.

L'Angleterre adhéra à une intervention limitée, destinée uniquement à appuyer ses revendications commerciales ; l'Espagne témoigna plus d'enthousiasme et, à ses heures, semblait patronner des visées étendues. Finalement, les trois puissances signèrent, le 31 octobre 1861, une convention comportant une expédition navale destinée à obtenir la protection des résidents européens et l'exécution des obligations financières ; seulement, une clause autorisait les commandants des forces alliées à accomplir " les autres opérations " qui seraient jugées nécessaires pour atteindre ce but : c'était ouvrir la porte à de prochaines dissensions.

Les flottes alliées étaient à peine arrivées, que des froissements divers éclatèrent. Cependant, des pourparlers s'étant engagés avec le gouvernement mexicain, le général Prim, qui commandait le corps espagnol, signa une convention provisoire, dite de la Soledad, par laquelle les trois puissances s'engageaient à ne porter aucune atteinte à l'indépendance, à la souveraineté et à l'intégrité du territoire de la République ; moyennant quoi, elles étaient autorisées à occuper certains points, sauf à les abandonner en cas d'échec des négociations. L'Angleterre et l'Espagne adhérèrent à cette convention ; la France, au contraire, refusa d'y souscrire ; de plus, elle résolut de porter son corps expéditionnaire à 6.000 hommes. Avec le général de Lorencez, qui commandait les troupes de renfort, débarquèrent plusieurs émigrés mexicains, notamment le général Almonte. Là-dessus, l'Angleterre et l'Espagne, déjà mal disposées, n'ayant pu obtenir l'éloignement de ce dernier, ordonnèrent le rembarquement de leurs troupes pour l'Europe.

Cette défection aurait dû être pour la France un trait de lumière. Laisser une petite armée de 6.000 hommes, seule, à deux mille lieues de la patrie en face d'un grand pays, paraissait une folie. Mais on partait de l'idée qu'au Mexique existait un parti monarchique puissant, n'attendant que l'intervention étrangère pour constituer un empire ; et, sur cette prévision, on s'emballa. Le fait est qu'après l'ouverture des hostilités et à mesure que le général de Lorencez s'avança, des adhésions arrivèrent de l'intérieur, notamment de la part des généraux Mejia et Marquez, qui amenèrent quelques cavaliers ; si bien que le général, dans un accès de lyrisme, écrivit au ministre de la guerre, qu'il " était le maître du Mexique " ! Les mécomptes ne devaient pas tarder. Il voulut s'emparer de Puebla, et, après de vaillants efforts, il dut battre en retraite et se cantonner à Orizaba dans une situation qui pouvait devenir critique.

Il était difficile pour le gouvernement français de ne pas venger cet insuccès, bien que des inquiétudes, qui eurent leur écho au Corps législatif, se manifestassent de divers côtés. Il expédia donc un corps de 23.000 hommes sous le commandement du général Forey, chargé de pleins pouvoirs politiques et militaires et ayant sous ses ordres les généraux Bazaine et Douay.

Ces secours étaient attendus avec impatience, car les troupes du général de Lorencez, déjà réduites par les fièvres et des combats incessants, risquaient d'être enveloppées par des forces supérieures et de ne pouvoir se ravitailler. Par l'arrivée des renforts, la France était en mesure de mettre en ligne 27.000 hommes. Mais on s'aperçut bientôt que, pour prendre l'offensive, de longues dispositions devaient être prises ; elles durèrent cinq mois. Enfin, l'ordre de marche fut donné au mois de février 1863, et le siège mis devant Puebla. La défense fut énergique ; une guerre de rues des plus acharnées s'engagea ; heureusement pour les assaillants, la place finit par manquer de vivres ; elle capitula après soixante et un jours de siège ; la France avait eu plus de 1100 officiers et soldats tués ou blessés.

Les ressources de la république se trouvaient momentanément épuisées ; la route de Mexico était libre ; Juarez se retira avec son gouvernement à San Luis de Potosi ; le 7 juin, Bazaine occupa la capitale ; le 10, le général Forey y fit son entrée. Là on trouva les éléments du parti qui avait sollicité l'intervention étrangère ; la foule, toujours avide de nouveautés, acclama les envahisseurs, et le général Forey, ivre de joie, manda à l'empereur que " la population de la capitale tout entière avait accueilli l'armée avec un enthousiasme qui tenait du délire " ; "la réception, à l'entendre, était sans égale dans l'histoire ".

C'est le propre des hommes avisés de ne pas s'arrêter aux apparences et de chercher à pénétrer les réalités. Mais le général Forey était dépositaire de la pensée impériale et il tenait à s'y conformer. Il organisa donc, à l'aide de trente-cinq citoyens mexicains, une sorte de junte, qui, elle-même, constitua un pouvoir exécutif formé de 3 membres : Almonte, l'archevêque Labastida et le général Salas ; puis, on réunit une assemblée de notables, au nombre de 250 ; celle-ci proclama, le 10 juillet, le rétablissement de la monarchie et décerna la couronne à l'archiduc Maximilien ; le gouvernement provisoire prit le nom de Régence de l'Empire. Tout cela n'était que l'accomplissement d'un plan préconçu. On a prétendu que Napoléon III, qui désirait, conformément à son programme, obtenir de l'Autriche la cession de la Vénétie, avait imaginé de lui offrir comme compensation le trône du Mexique pour le frère de l'empereur François-Joseph ; peut-être aussi voulait-il créer un centre d'influence latine en Amérique et l'opposer aux progrès de l'ingérence des États-Unis. Toujours est-il que, précisément au moment où l'on exécutait le plan primitivement arrêté, le gouvernement français commençait à être refroidi à l'endroit de l'établissement d'une monarchie et se montrait disposé à traiter avec tout pouvoir capable d'assurer à la France les indemnités auxquelles elle avait droit. C'est sous l'influence de ces dispositions que M. de Saligny et le général Forey furent rappelés ; ce dernier fut remplacé par le général Bazaine, qui était vraiment le favori de l'armée et dont la carrière devait offrir le contraste de la prospérité la plus brillante et de la plus lamentable infortune. Mais les choses étaient trop avancées pour qu'un recul fût possible : c'est ce qui sera bientôt exposé.

II.

Si graves que dussent être les conséquences de l'expédition du Mexique, l'attention publique ne fut pas d'abord vivement touchée : d'autres préoccupations la sollicitaient. Sans compter les préoccupations que causait la situation de l'Italie, on vit surgir tour à tour les questions polonaise, danoise et allemande, qui furent pour le second empire l'occasion d'autant d'échecs sanglants : tout se tournait contre lui, et en même temps il assistait, au sein de la nation française, à un réveil signalé de l'opinion : c'est ainsi que les choses se compliquaient pour lui en même temps à l'intérieur et à l'extérieur.

Le réveil de l'opinion, il n'avait pas précisément le dessein de le comprimer ; mais il eût voulu le contenir. En 1860, il avait spontanément élargi les prérogatives du Corps législatif ; la presse, de son côté, réclamait la liberté perdue ; et comment se flatter, en présence des fautes commises, de pouvoir la lui refuser longtemps encore ? Mais, dans cette période d'évolution, il était vraisemblable que le gouvernement s'abandonnerait à des retours d'arbitraire, et, comme il arrive toujours en pareil cas, ce furent les catholiques qui eurent surtout à en souffrir.

Les catholiques, en général sympathiques à l'empire après le coup d'État, s'étaient trouvés rejetés dans l'opposition à la suite des affaires italiennes ; par là même, les anciens partis parlementaires reprirent de l'importance et de l'espoir ; d'autre part, les rapports de l'Église et de l'État, si bons pendant dix ans, se ressentirent d'une sorte de malaise, et, dans maints départements, des froissements se produisirent entre les évêques et les préfets. L'empereur conçut de ce changement une irritation mal dissimulée ; il commença un peu de persécution : il suspendit des traitements d'ecclésiastiques, renvoya des prêtres étrangers, dispersa des communautés religieuses. Il oublia ainsi que c'est donner une grande preuve de sagesse et d'habileté que de ne pas céder à ses rancunes ; du moment qu'on s'y abandonne, on en descend rapidement la pente. C'est sous l'action de ce sentiment mauvais, que, tout à coup, il laissa M. de Persigny, son ministre de l'intérieur, s'en prendre à la Société de Saint-Vincent de Paul. Celle-ci n'avait jamais fait de politique ; mais M. de Persigny, qui n'était pas croyant, se figurait qu'elle constituait une dangereuse société secrète. Il imagina, par une assimilation injurieuse, de la mettre sur le même pied que la franc-maçonnerie ; il ordonna la dissolution de tous ses conseils et lui recommanda de constituer, sous les auspices de l'empereur, une représentation centrale établie au siège du gouvernement. Cette mesure, que rien ne justifiait, suscita parmi les catholiques autant de stupeur que de colère ; la Société cependant maintint son indépendance ; son conseil général vota sa propre dissolution et remit tous ses pouvoirs à son président ; puis elle attendit des jours meilleurs, non sans avoir perdu des membres et même quelques conférences. La franc-maçonnerie, elle, se soumit et accepta des mains du pouvoir comme grand-maître le maréchal Magnan.

Pendant que ces vexations irritaient une portion de la population, on s'aperçut tout à coup que l'état des finances laissait à désirer. Le gouvernement avait dépensé sans compter, notamment en décrétant, dans l'intervalle des sessions, l'ouverture de crédits extra-ordinaires ou supplémentaires. Il fit appel aux lumières de M. Fould, qui s'expliqua sur la situation financière dans un rapport publié au *Moniteur* ; et, sous l'inspiration du nouveau ministre, un sénatus-consulte du 31 décembre 1861 décida qu'aucun crédit ne pourrait être accordé, sinon en vertu d'une loi, et que désormais le budget serait voté, non plus en bloc, mais par sections. Ces aveux et ces concessions n'étaient pas pour rassurer l'opinion.

Au milieu de ces embarras, le problème italien demeurait béant. A la mort de Cavour, l'empereur avait étendu son patronage sur le jeune royaume. De plus en plus enhardi, celui-ci s'impatientait des retards apportés au succès de ses aspirations. Le baron Ricasoli, qui avait succédé à Cavour, chargea le comte Arese de réclamer à Paris la fin de l'occupation de Rome par les troupes françaises ; en même temps, il prononça un discours affirmant les droits de l'Italie sur la ville éternelle. Ses instances furent déclinées par le gouvernement français, tenu à d'autant plus de prudence que les nouvelles du royaume de Naples étaient mauvaises.

Mais l'empereur, comme s'il était décidé à poursuivre jusqu'au bout une politique double, nomma tout à coup ministres à Turin et à Rome deux amis de l'Italie nouvelle, MM. Benedetti et de la Valette. Encouragé, M. Ricasoli multiplia ses suggestions ; Napoléon refusa de s'engager ; mais, revenant de Biarritz au mois de septembre 1861, il prononça cette phrase machiavélique : " Agissez sur la presse et tâchez, si vous le pouvez, de mettre le Pape dans son tort ". En réalité, il hésitait à mettre le sceau à sa condescendance ; il cherchait à gagner du temps, et il vit avec plaisir M. Rattazzi succéder à M. Ricasoli. Ce dernier déclara le 7 mars 1862 à la Chambre Italienne que "la question de Rome devait être résolue par les moyens moraux et par la diplomatie". Cette note convenait mieux à l'empereur ; mais le Pape ne se montrait nullement disposé à céder, et il saisit l'occasion de la canonisation des martyrs du Japon, en mai 1862, pour faire un appel à la chrétienté et maintenir ses droits traditionnels.

Garibaldi conçut alors le dessein de trancher le nœud par un coup d'audace. Il débarqua en Sicile avec un corps de volontaires, au cri de : *Rome ou la mort !* Les troupes royales l'arrêtèrent à Aspromonte, le firent prisonnier, puis lui accordèrent le bénéfice d'une amnistie. L'empereur affecta d'être indigné et un communiqué qui parut au *Moniteur* porta : " Le monde doit savoir que la France n'abandonne pas dans le danger ceux sur lesquels s'est étendue sa protection ". Le gouvernement italien, au lieu de patienter, envoya une note aux puissances, soutenant " qu'on ne pouvait maintenir plus longtemps entre l'Italie et le Pape un antagonisme dont la seule cause résidait dans le pouvoir temporel ". Mais l'empereur, qui n'était pas au bout de ses tergiversations, ne voulait pas avoir l'air de céder à l'intimidation, et, pour marquer son déplaisir, en même temps qu'il remplaçait MM. Benedetti et de la Valette, il donna pour successeur à M. Thouvenel M. Drouin de L'huys. Etait-ce une orientation définitive ? Non ; c'était une halte un peu plus accentuée ; le comte Arese ayant été envoyé de nouveau à Paris, Napoléon lui répondit : " Rien ne peut se faire aujourd'hui " ; mais il ajouta : " Laissez le St. Père avoir la conviction que vous ne l'attaquerez pas ; alors je ne demande pas mieux que de retirer mes troupes, et après, vous ferez ce que vous voudrez ". Ces atermoiements s'expliquent ; on était en mars 1863, à la veille des élections, et le gouvernement craignait de s'aliéner tout à fait le clergé et les catholiques.

III.

Ces élections s'annonçaient sous un aspect nouveau. En 1857, la faveur des foules comme des hommes d'ordre était acquise au gouvernement ; maintenant les foules, dans quelques villes, commençaient à prêter l'oreille aux promoteurs des changements, et les hommes d'ordre étaient divisés. Parmi ces derniers, beaucoup de catholiques s'étaient attiédis ; ils ne formaient pas un parti distinct, mais ils étaient inquiets ; ils avaient eu pour organes au Corps législatif les 91 députés qui s'étaient trouvés d'accord le 22 mars 1861 pour infliger un blâme net, quoique modéré, à la conduite adoptée vis-à-vis du St. Siège et de l'Italie ; plusieurs de ces 91 allaient être combattus par M. de Persigny et relégués par là même dans l'opposition.

A côté d'eux figuraient dans l'arène électorale les démocrates ou républicains et ceux qu'on appelait les anciens partis.

Les démocrates ou républicains se divisaient en trois groupes : les démagogues ou radicaux, animés d'une haine aveugle contre les institutions et le gouvernement; les hommes de 1848, auxquels se rattachaient les cinq du Corps législatif et qui comptaient dans leurs rangs Jules Favre et Emile Ollivier; puis une poignée d'hommes plus jeunes qui se croyaient les précurseurs d'une situation nouvelle et au milieu desquels émergeait un homme, déjà très écouté de ses amis, Léon Gambetta.

Les anciens partis comprenaient deux fractions. Les légitimistes, d'abord : ils avaient fait des recrues parmi les catholiques et se demandaient s'ils devaient participer aux élections. L'affirmative était vivement recommandée par M. de Falloux ; mais il était peu écouté à Frohsdorf : " Ce personnage, a dit M. Thureau-Dangin, avait contre lui ses lumières mêmes : son grand malheur était de se montrer trop politique au milieu des gens qui ne l'étaient pas assez ". Le comte de Chambord resta inflexible ; Berryer insista ; ce fut en vain, et M. de Kerdrel, élevant sa plainte contre " cette manière de mourir ", s'écria : " Avec ce système, plus de rapprochement, plus de fusion possible ; le roi demeure le roi de ses amis et devient de moins en moins celui des Français ". A côté des légitimistes s'agitaient quelque peu les anciens parlementaires, les orléanistes, constitutionnels et libéraux ; ils s'étaient réfugiés après le coup d'Etat dans les salons et les Académies ; ils n'étaient guère compris du suffrage universel. Comment s'en étonner ? Ils avaient le goût de l'éloquence, l'instinct de la liberté et le culte des lettres. On comptait dans leurs rangs des hommes de tendances diverses, depuis Guizot et Albert de Broglie jusqu'à Dufaure et Thiers ; ils étaient servis aussi par un écrivain hors ligne, d'une verve incomparable, Prévost-Paradol ; mais celui-ci ne se faisait pas illusion sur les limites de son influence : " Les Ilotes, disait-il, ont vaincu Lacédémone ". Dans sa pensée, les Ilotes, c'était le suffrage universel, et Lacédémone, c'était le groupe brillant dont il était un des ornements.

En face des républicains, d'une fraction des catholiques et des anciens partis, se pressaient les masses électorales, encore confiantes dans l'empire et où n'apparaissaient guère de défections, si ce n'est dans les grands centres. Ces masses, M. de Persigny était chargé de les conduire au scrutin, et, pour mieux les guider, il eut partout ses candidats officiels, prévenant les populations qu'elles avaient à choisir entre l'empereur et ses ennemis. Pour mieux réussir, il avait modifié les circonscriptions électorales dans vingt-neuf départements et avait enrôlé les préfets, les maires, les juges de paix et les inspecteurs des écoles, les commissaires cantonaux, les gendarmes, les débitants de boissons, qui tous agirent à l'égal d'une armée. Enfin, il répudia 26 des

91 députés qui, sur la question italienne, avaient fait preuve d'indépendance.

La campagne électorale ne fut guère vigoureusement menée que par les républicains. Garnier-Pagès, notamment, fit une tournée de propagande à travers la France. Mais ce fut à Paris surtout que leur activité se donna carrière. En dehors d'eux, plusieurs anciens parlementaires se résolurent à tenter la fortune du scrutin ; il en fut ainsi de MM. Thiers, de Montalembert, Dufaure, de Rémusat et Decaze ; quelques légitimistes aussi eurent le courage de désobéir à Frohsdorf : " Je saurai, dit Berryer, sacrifier le bonheur de plaire à l'honneur de servir ".

L'opposition fut victorieuse à Paris ; elle y fit passer ses neuf candidats, et parmi eux M. Thiers ; ailleurs, elle n'eut que de rares succès : M. Marie, M. Berryer, quelques-uns des vingt-six combattus par M. de Persigny, puis certains hommes nouveaux, tels que M. Lanjuinais et le duc de Marmier. Étaient-ils une vingtaine en tout ? Peut-être bien ; mais, en dehors d'eux, certains députés semblaient devoir former un parti nouveau, et qui eût pu dire ce que produirait l'apparition de deux puissances, telles que MM. Thiers et Berryer ? On remarqua d'ailleurs que presque partout les populations urbaines avaient donné la majorité aux candidats indépendants et que c'étaient les candidats ruraux qui avaient formé le gros appoint du gouvernement. Le pouvoir ne se trompa pas sur la signification de ces résultats ; les élections de Paris lui avaient hautement déplu. Aussi, trois semaines après, le 23 juin, en dépit du bulletin de victoire envoyé par lui à tous les préfets, M. de Persigny reçut sa démission de ministre de l'intérieur ; on lui donna comme fiche de consolation le titre de duc.

Le gouvernement se préoccupa aussitôt d'organiser sa défense dans la Chambre nouvelle ; il redoutait surtout les deux parlementaires expérimentés qui venaient d'y rentrer. En conséquence, un décret du 23 juin créa un ministre d'État chargé spécialement de prendre en mains les intérêts de l'empire devant le Corps législatif et stipula que ce ministre serait aidé du président et de délégués spéciaux du Conseil d'État. M. Billault fut élevé aux fonctions de ministre d'État et M. Rouher à celles de président du Conseil d'État ; on comptait beaucoup sur les talents oratoires, vraiment exceptionnels, du premier : mais, ô ironie de la fortune ! à peine nommé, il succomba à un mal subit. Il fut remplacé le 18 octobre 1863 par M. Rouher, dont la succession au Conseil d'État fut attribuée à M. Rouland. C'est de là que date le règne de M. Rouher, qui, dépassant les prévisions de ses amis, devait tout à la fois déployer de grandes facultés, régir la Chambre et s'imposer au souverain.

L'empereur, en ouvrant la session de la nouvelle Chambre, lui fit bon accueil. Le président, M. de Morny, tint un langage empreint d'une plus grande satisfaction encore et paraissant appeler de ses vœux le développement des principes de liberté.

Dès la vérification des pouvoirs, on s'aperçut qu'un changement s'était opéré dans les esprits. Bientôt les débats s'élevèrent : M. Berryer dénonça les dépenses exagérées auxquelles s'était livré l'empire ; M. Thiers revendiqua les libertés nécessaires ; après avoir exposé les longues disgrâces de la liberté, il compara ses échecs à ceux des navires qui, au xvᵉ siècle, avaient essayé de franchir le cap des Tempêtes : " Le cap des Tempêtes, s'écria-t-il, est devenu le cap de Bonne-Espérance ; n'aurons-nous pas la même fortune ? Ne verrons-nous pas, nous aussi, nos vaines terreurs se dissiper ? " Puis il indiqua les conquêtes à obtenir, la liberté individuelle, la liberté de la presse, la liberté de l'électeur, la liberté de l'élu, le droit pour la majorité de la Chambre de diriger le gouvernement, la responsabilité ministérielle. Il réclama tout cela " avec respect ", disait-il ; mais il ajouta: " Qu'on y prenne garde, ce pays, aujourd'hui à peine éveillé, ce pays si bouillant, chez lequel l'exagéra-tion des désirs est si près de leur réveil, ce pays qui permet aujourd'hui qu'on demande pour lui du ton le plus déférent, un jour peut-être il l'exigera. "

On ne pouvait mieux dépeindre la situation : dans les sociétés démocratiques modernes, l'opinion se sent portée à fausser compagnie tour à tour à la liberté et au pouvoir absolu. En 1863, la Chambre avait encore trop le passé en mémoire pour voguer vers l'idéal que lui présentait M. Thiers. Aussi, quand M. Rouher, se tournant vers elle, lui demanda : " Voulez-vous le gouvernement parlementaire ? " deux cents voix répondirent : " Non ! Non ! " N'importe : une parole nouvelle venait de retentir à travers la France, et, sous l'aiguillon des événements extérieurs, elle devait petit à petit produire ses fruits.

Deux événements augmentèrent, sur ces entrefaites, le malaise qu'on commençait à ressentir. Un nouveau complot contre la vie de l'empereur, ourdi par quatre

Italiens sous l'inspiration de Mazzini, fut découvert ;
il témoignait que la révolution cosmopolite n'avait pas
désarmé. Puis parut un livre, la *Vie de Jésus* par Renan,
qui, sous des formes enveloppantes, avec des apparences scientifiques et des raffinements d'art, cherchait
à ébranler la foi chrétienne. Ce livre, exalté par les
ennemis du nom chrétien, lu par les indifférents et les
tièdes, exaspéra les catholiques ; l'auteur fut privé de
sa chaire au Collège de France, et, dans une lettre à
l'évêque d'Arras, l'empereur marqua sa réprobation.
Mais on était entré dans une période où tout vacillait,
où une sorte de matérialisme luxueux gâtait les mœurs,
où de toutes parts se livrait un grand assaut à la
Papauté : la *Vie de Jésus* servit d'auxiliaire à ce
mouvement.

Dans cet état des esprits, le pouvoir eût bien fait de
s'abstenir de tout acte hostile aux croyances. Il ne le
comprit pas, et soudain, *motu proprio*, l'empereur
appela M. Duruy au ministère de l'instruction publique.
Était-ce par goût personnel et par reconnaissance pour
des renseignements devant servir à la *Vie de César ?* Il
semble bien que oui. Mais M. Duruy était libre
penseur jusqu'aux moelles, suivant le témoignage de
Jules Simon, et il se posa tout de suite en réformateur.
Beaucoup de mesures qu'il se hâta de prendre méritent
d'être louées ; mais elles ne constituaient qu'un commencement, et tout pénétré qu'il était d'une véritable
dévotion pour l'Université, il se mit à préconiser la
gratuité et l'obligation de l'enseignement. Ses collègues
du gouvernement ne se rallièrent pas à ses vues ; mais
il fut autorisé à publier son rapport au Journal officiel,

et du coup il devint populaire dans les partis avancés. Il exaltait en toutes occasions l'Université ; on savait qu'il n'aimait pas la loi de 1850 ; dans ses rapports avec l'enseignement libre, il s'attacha à diminuer les facilités dont depuis quinze ans il jouissait ; puis, ayant en 1866 restreint aux congréganistes employés dans les écoles publiques les dispenses militaires étendues jusque-là à tous les religieux sans exception, il laissa percer ses sentiments, en s'écriant pour justifier cette vexation : "Quoi ! trois aunes de drap gris ou noir sur l'épaule d'un homme suffiront pour faire un dispensé militaire !" En soulevant les catholiques contre lui, il était pour l'empire une nouvelle cause de faiblesse.

Vers ce temps, une évolution économique prit naissance. Les masses ouvrières s'étaient un peu assoupies depuis l'avènement de l'empire ; mais les aspirations qui les remuaient n'étaient pas mortes et, du reste, elles se développaient à l'étranger. A l'occasion de l'Exposition universelle de Londres en 1862, se tint un Congrès de travailleurs ; avec la tolérance du gouvernement, les corps de métiers français y envoyèrent 300 délégués, et ceux-ci revinrent imbus de plusieurs réformes portant principalement sur l'établissement de sociétés coopératives, l'abolition du droit de coalition et la création de chambres syndicales. A Londres, on avait aussi émis l'idée de créer une Société internationale des travailleurs, destinée à les protéger contre les crises industrielles.

L'idée d'abolir les lois sur les coalitions trouva faveur dans les conseils de l'empire. M. de Morny l'appuya vivement, estimant que les libertés civiles devaient être développées. L'empereur, espérant contenir les classes laborieuses, partagea le même sentiment, et de ces dispositions concordantes sortit un projet de loi. Au Corps législatif, celui-ci fut combattu par une partie de la droite, qui se défiait de ses résultats, et par la gauche, qui le trouvait insuffisant. Mais, sous l'influence de M. de Morny, M. Émile Ollivier — signe des temps nouveaux ! — fut nommé rapporteur et, à cette occasion, il fit une profession de foi dans laquelle il déclara que " c'était une mauvaise manière d'agir que de refuser un progrès sous prétexte qu'il est incomplet " ; il s'attaqua à l'école du pessimisme repoussant tout ce qui venait d'un gouvernement auquel elle était hostile et ajouta : " Quant à moi, je n'appartiens pas à cette école. Je ne suis pas pessimiste ; je prends le bien de quelque main qu'il me vienne. Je ne dis pas : " Tout ou rien ", maxime fâcheuse et redoutable ; je dis : " Un pas chaque jour ", et je n'oublie pas la célèbre parole : " A chaque jour suffit sa peine. " Il fut âprement pris à partie par Jules Simon et Jules Favre : " Il faut, dit ce dernier, qu'on nous dise comment on a abandonné d'anciennes convictions en proposant aujourd'hui ce qui les contredit absolument. " La loi fut votée ; elle avait amené une rupture entre Émile Ollivier et ses amis ; il se trouva, à partir de cet instant, placé dans une position intermédiaire et fausse, et il devait y rester jusqu'au jour où le pouvoir fit appel à son concours direct.

IV.

En présence de la proclamation de l'archiduc Maximilien comme empereur par l'Assemblée des notables, il était difficile au gouvernement français de se dérober. Aussi, en envoyant des instructions au général Bazaine, M. Drouin de Lhuys se contenta de réserver la consécration plébiscitaire : " Nous applaudissons, lui dit-il, au choix du prince éminent que l'Assemblée a appelé au trône. " Pour provoquer une sorte de plébiscite, il fallait pénétrer plus avant dans le Mexique. Bazaine élabora un plan de campagne qui eut un plein succès ; Juarez dut quitter San Luis de Potosi et se réfugier à Monterey ; après quoi, des adhésions à l'empire suggérées par les municipalités arrivèrent de toutes parts ; si bien que le général Almonte manda à Maximilien, le 27 novembre 1864, que " les trois quarts du territoire et les quatre cinquièmes de la population lui étaient acquis " ; il le pressa d'arriver.

Déjà l'archiduc avait reçu, le 3 octobre, une députation et avait paru favorablement disposé ; mais il avait exigé que le peuple manifestât sa volonté par l'organe du suffrage universel ; on peut s'étonner qu'un prince de vieille race se fût mépris sur la portée de pareilles démonstrations ; mais lui aussi faisait aux rêves une grande part dans ses combinaisons. Bientôt il reçut des nouvelles favorables de l'expédition du général Bazaine et des adhésions recueillies de divers côtés. Ébloui, il n'hésita plus, bien que les puissances ne l'eussent encouragé en rien. Il signa une convention dite de Miramar, réglant les conditions de l'intervention française et l'obligeant à rembourser 270 millions, frais de l'expédition jusqu'au 1ᵉʳ juillet 1864, plus toutes les dépenses ultérieures du corps expéditionnaire : c'était consommer la ruine du Mexique dans le traité qui prétendait le régénérer. Ces exigences eussent dû éclairer Maximilien sur les difficultés qui allaient l'assaillir ; il ne s'y arrêta pas cependant ; il consentit à tout et déclara le 10 avril 1864 aux délégués qu'il acceptait de la nation mexicaine la couronne qu'elle lui avait confiée. Quatre jours après, il partit accompagné de l'archiduchesse, non, assure-t-on, sans un profond abattement. Il passa successivement par Paris et par Londres. A Paris, les hommages furent nombreux et empressés ; mais, à Londres, il ne fut l'objet que de banales félicitations ; il visita la reine Marie-Amélie, qui, après le départ du jeune couple, s'écria douloureusement : " Ils seront assassinés ! "

Le 12 juin, les souverains firent leur entrée à Mexico au milieu d'une allégresse en apparence générale. Ils avaient été appelés par les conservateurs et le clergé ; mais, à peine installé, Maximilien s'orienta vers leurs adversaires et leur confia la gestion des affaires. Immédiatement après, il s'occupa de la question palpitante des biens ecclésiastiques : ceux-ci avaient été confisqués ; beaucoup avaient été vendus ; mais un certain nombre de ventes étaient frauduleuses. Le nonce du Pape, Mgr Meglia, réclama le retour au régime ancien ; au lieu de négocier et de tâcher d'arriver à un concordat, Maximilien trancha le litige d'autorité au grand mécontentement du St-Siège et des catholiques. Pendant ce temps, les succès des troupes françaises, aidées de la légion belge et de la légion autrichienne, se multipliaient, et l'on put se donner l'illusion d'une prompte et complète pacification. Mais l'insurrection ne tarda pas à relever la tête; parmi les événements de guerre qui se produisirent, il convient de signaler le pénible échec des Belges à Tacambaro, le 11 avril 1865.

Tout l'effort de Maximilien consistait à créer un parti national qui se serait rangé autour du trône ; seulement les éléments d'un tel parti manquaient ou étaient instables ; les troupes françaises constituaient son meilleur appui ; mais il ne pouvait se flatter de les voir rester toujours ; pour créer une armée nationale, il eût fallu de l'argent, et une dette accablante avait été contractée vis-à-vis de la France. Celle-ci aida bien le gouvernement impérial à contracter un emprunt ; mais le résultat fut insuffisant. Dans l'espoir de se faire bien venir, Maximilien se posa en prince libéral et progressiste ; il ne réussit qu'à faire preuve de faiblesse et de versatilité. Qu'on ajoute à cela la rivalité sourde entre Bazaine et lui et les froissements qui en résultèrent, et l'on comprendra à quel point, dès 1865, sa situation devint tendue.

Ce n'est pas tout. Les États-Unis, méfiants dès l'abord, se montraient de plus en plus hostiles. Au début, M. Seward, secrétaire des affaires étrangères, avait dit : " L'émancipation du continent américain vis-à-vis de l'Europe a été le trait principal de ce dernier demi-siècle ; " peu de temps après, la Chambre des représentants avait adopté une motion condamnant l'établissement de la monarchie au Mexique. Ces dispositions s'accentuèrent après la fin de la sécession entre les Etats du Nord et ceux du Sud ; à partir de ce moment, les Juaristes reçurent des Américains des secours en hommes, en armes et en munitions. Le gouvernement français s'employa pour amener les Etats-Unis à reconnaître Maximilien ; mais tout fut inutile, et, bien loin de céder à cette demande, ils accréditèrent un envoyé auprès de Juarez.

Il arriva alors ce qu'une clairvoyance vulgaire aurait dû faire pressentir : c'est que la France se fatigua des mécomptes qu'elle recueillait au Mexique et des dépenses qu'elle était obligée d'y faire. Dès le commencement de 1866, elle aspirait à la liquidation de l'entreprise ; elle se lassait d'entendre répéter que Juarez était en fuite et qu'il échappait toujours à ceux qui le poursuivaient ; de son côté, l'empereur se plaignait de Maximilien, comme Maximilien se plaignait de l'empereur : ils s'étaient mutuellement crus plus forts qu'ils ne l'étaient ; chacun d'eux s'en prenait à l'autre de ses disgrâces ; les ministres français recommandaient qu'on ne s'ancrât pas au Mexique ; si bien, qu'en ouvrant le Corps législatif le 22 janvier 1866, Napoléon annonça que son intention était de rappeler ses troupes au bout d'un an ou de dix-huit mois.

Cette nouvelle n'était pas pour diminuer les embarras de Maximilien. Il s'efforça d'organiser des forces indigènes ; mais l'extrême pénurie du trésor rendait la chose presque impossible, et l'audace des bandes juaristes ne faisait que croître. Le général Almonte fut envoyé à Paris pour solliciter la continuation des secours français ; il fut durement éconduit et même avisé d'une évacuation immédiate, si Maximilien ne consentait pas à prendre certains arrangements très onéreux pour rembourser le gouvernement français. A mesure qu'on avançait dans l'année 1866, les succès des juaristes se multipliaient ; on agita alors au palais impérial des projets d'abdication ; mais l'impératrice protesta ; elle avait une âme virile ; elle crut pouvoir toucher Napoléon, et, s'il persistait, l'obliger, suivant ses expressions, " à publier son déshonneur ". Elle partit donc pour l'Europe le 8 juillet. En s'embarquant, elle déclara qu'elle serait de retour dans trois mois ; mais, arrivée sur le vieux continent, elle allait trouver l'Europe de 1815 détruite, l'Autriche vaincue et la France anxieuse de ses propres destinées.

CHAPITRE VI.

LES VISÉES AMBITIEUSES DE LA PRUSSE. — L'INSUR-
RECTION DE LA POLOGNE. — LA GUERRE DU SLES-
WIG-HOLSTEIN. — LA GUERRE AUSTRO-PRUSSIENNE :
LES CONSÉQUENCES POUR LA FRANCE.

I.

Depuis 1862, une certaine impatience de jouer un
rôle nouveau s'était développée chez la Prusse.
Pendant longtemps, l'Allemagne avait été la terre de
l'individualisme. Mais, sous le premier empire, une
idée l'avait enflammée, celle du patriotisme germanique
à l'effet de repousser l'envahisseur et de prévenir le
retour des maux dont elle avait tant souffert. Les
traités de 1815 n'avaient donné à cette idée qu'une
satisfaction relative ; peut-être se serait-elle un peu
assoupie sous l'influence de la paix, si au nord de la
Confédération n'avait pas existé un État entreprenant
et ambitieux. La Prusse, à part quelques revers
momentanés, avait eu depuis le XVIIe siècle un sort
heureux ; elle s'était étendue, agrandie à la fois par les
conquêtes et les héritages ; une passion l'avait toujours

guidée : c'était d'avoir à son service une armée forte et disciplinée, et, pour l'obtenir, ses princes avaient témoigné une sollicitude constante. Un moment à Olmütz, en 1849, elle avait faibli ; mais douze ans après, elle reprit l'essor de ses visées ambitieuses sous l'impulsion d'un roi se croyant investi d'une mission, le roi Guillaume, et d'un ministre hardi et habile, M. de Bismarck. Chose curieuse : ce ministre était hostile à l'Autriche et, en même temps, il était épris des principes et des traditions qu'elle personnifiait. Dès son arrivée au pouvoir, il travailla à l'exécution de ses desseins. Il s'agissait d'abord pour lui de fortifier l'armée ; il ne recula devant aucun effort pour y parvenir ; il entra en conflit avec la Chambre et lui jeta ce défi : " La dynastie prussienne n'a pas encore accompli sa mission et il ne pourrait lui convenir de figurer comme un vain ornement dans l'édifice parlementaire que vous songez à fonder ; " la Chambre lui ayant refusé certaines dépenses, il se passa de son consentement. En toutes choses, il apparaissait comme un politique audacieux, remuant, plein d'une franchise qui déconcertait ; on ne voyait pas clairement où il voulait en venir : c'est qu'il attendait des occasions. Ces occasions s'offrirent bientôt : ce fut l'insurrection polonaise et l'affaire des duchés danois.

On sait les convulsions par lesquelles a passé l'infortunée Pologne après le partage. En 1861, un renouveau d'esprit national se manifesta ; il se révéla par des démonstrations réclamant " la patrie ". Ces démonstrations se prolongèrent pendant deux ans, sillonnées de répressions sanglantes. Finalement, en 1863, des bandes insurrectionnelles se formèrent et, dans toute l'Europe, des âmes éprises de liberté firent des vœux pour celle que M. de Montalembert avait appelée la Niobé des nations.

M. de Bismarck saisit cette occasion de se rendre la Russie favorable ; il l'assura de la solidarité des deux cours et conclut avec elle, le 8 février 1863, une convention aux termes de laquelle, sur les limites des deux États, les commandants russes et prussiens pourraient se prêter une aide mutuelle et, au besoin, franchir la frontière pour la poursuite des rebelles. Cette convention, à peine connue, alarma les cours de Paris, de Vienne et de Londres ; celles-ci firent des représentations officieuses, à la suite desquelles la Prusse et la Russie déclarèrent qu'elles ne se prévaudraient pas du droit de poursuite réciproque qu'octroyait la convention. Mais il n'en est pas moins vrai que, par sa démarche adroite, la Prusse s'était concilié le bon vouloir de la Russie, à une heure où cette dernière se heurtait au sentiment de l'Europe ; à Saint-Pétersbourg, on ne devait pas oublier ce bon procédé.

Cependant, l'insurrection se développait. La cause de la Pologne avait toujours passionné l'opinion en France ; l'empereur lui-même préconisait en toutes circonstances la théorie des nationalités ; il résolut donc de faire quelque chose. Mais il est bien dangereux de s'engager dans une voie déterminée, sans calculer les conséquences d'une telle attitude et sans s'être tracé de plan. Napoléon commit cette faute et, par là, il devait indisposer la Russie, la blesser sans la frapper. Il adressa donc des représentations à Saint-Pétersbourg ; l'Autriche, l'Angleterre et certaines puissances secondaires en firent de leur côté ; la Prusse s'abstint soigneusement de les imiter. Le chancelier russe, prince Gortschakoff, accepta ce combat de plume et nuança ses réponses suivant le ton des mercuriales qui lui étaient parvenues. En somme, il montra la révolution cosmopolite derrière la Pologne et il engagea les puissances à la surveiller chez elles ; de cette manière, elles travailleraient à rétablir l'ordre partout et très spécialement en Pologne. C'était une fin de non-recevoir : néanmoins, il se montrait disposé à un échange d'idées. En même temps, l'empereur Alexandre se tourna vers le roi Guillaume et le pria d'intervenir à Vienne pour ramener le gouvernement autrichien dans le faisceau des puissances conservatrices. " Je sais, lui disait-il, que je puis compter sur vous, comme vous pouvez compter sur moi... Entre nous, pas de défiance. " Le roi s'empressa de s'adresser à Vienne ; il échoua, en avertit le Czar, mais l'assura de sa chaude amitié, en rejetant toute la responsabilité des complications présentes sur Napoléon, qui menaçait la paix. Les gouvernements français, anglais et autrichien se mirent alors d'accord pour formuler en six points leurs réclamations. En réponse, le prince Gortschakoff déclara que les Polonais étaient des rebelles, que les encouragements qui leur étaient donnés étaient la principale cause de la prolongation de l'insurrection et que la Russie n'admettait d'autre solution que celle pouvant résulter d'un accord entre les trois puissances copartageantes. C'était repousser toute intervention de la France et de l'Angleterre. Sans se laisser rebuter, le cabinet de Paris proposa une note collective ; mais à Vienne et à

Londres, on s'y refusa ; de nouvelles remontrances séparées furent expédiées à Saint-Pétersbourg ; le prince Gortschakoff les déclina purement et simplement: il comptait sur l'hiver pour tâcher de réduire l'insurrection.

Que faire ? Napoléon se trouvait dans une impasse ; il proposa un Congrès et les invitations partirent le 4 novembre ; plusieurs puissances adhérèrent avec des réserves ; mais, cette fois, l'Angleterre refusa et l'idée du Congrès fut abandonnée. La Russie restait ainsi maîtresse du champ de bataille ; aidée par l'hiver, elle put bientôt mettre fin à l'agonie de la Pologne, et, comme plus rien n'entravait son action, elle porta des décrets imposant à la nation vaincue une organisation qui la livrait tout entière aux mains des vainqueurs.

Jusque-là, il y avait eu encore en Europe une question polonaise ; désormais, il n'y en avait plus. L'échec pour l'empereur Napoléon était sanglant. Il était même triple : non seulement la Pologne avait été abandonnée ; mais aux bons rapports qui avaient succédé entre la France et la Russie à la guerre de Crimée, se substituait un état de contention et d'irritation ; enfin, une étroite amitié s'était cimentée entre Saint-Pétersbourg et Berlin ; elle répondait aux vues de M. de Bismarck et devait lui laisser ses coudées franches ; celui-ci put bientôt en ressentir le prix.

On savait qu'à la mort du roi Frédéric VII, une question danoise surgirait. Cette mort survint le 15 novembre 1863, et aussitôt le prince Christian de Glucksbourg prit possession du trône. Mais, bien qu'il eût été accepté par l'Europe, aucun accord n'avait tranché le sort des deux duchés de Holstein et de Sleswig. Le Danemark désirait naturellement conserver les deux duchés ; l'Allemagne répondait que le Holstein était terre allemande, que le Sleswig n'était pas entièrement danois, mais qu'il devait être considéré comme indissolublement uni au Holstein et que, dès lors, on ne pouvait songer à les séparer.

Le duc d'Augustenbourg avait, dans le passé, élevé des prétentions sur les duchés ; puis, il y avait renoncé moyennant une forte somme d'argent. Mais, au décès de Frédéric VII, son fils les fit valoir de nouveau. La Confédération germanique s'empressa de le soutenir, prononça l'exécution fédérale contre le roi de Danemark et envoya un corps d'armée dans le Holstein. Aussitôt intervinrent la Prusse et, quelque temps après, l'Autriche, qui soutinrent qu'en aucun cas les deux duchés ne pouvaient continuer à dépendre de la couronne danoise ; elles sommèrent, en conséquence, le Danemark de retirer la constitution de novembre 1863, qui avait rattaché le Sleswig à ce dernier pays par des liens plus forts que précédemment. C'était la lutte du pot de terre et du pot de fer qui s'ouvrait. Le roi Christian interrogea l'horizon. La Russie, consciente du service que la Prusse venait de lui rendre, s'abstint ; la France, rebutée par ses insuccès récents, recommanda une politique de conciliation ; l'Angleterre parut d'abord s'émouvoir, puis conseilla le retrait de la constitution de novembre. Le Danemark se résigna à cette concession ; mais M. de Bismarck affecta de l'envisager comme insuffisante, entraîna l'Autriche et fit entrer les contingents prussiens et autrichiens dans le Sleswig en sommant les Danois de l'évacuer.

Le roi de Danemark n'avait à opposer à l'invasion que 30.000 hommes, inférieurs aux assaillants au double point de vue de l'instruction et de l'armement ; ils se battirent bien, mais durent reculer. De Copenhague, on sollicita le secours de l'Angleterre et de la France ; l'Angleterre multiplia les dépêches ; la France, toujours dominée par les chimères napoléoniennes, recommanda vaguement un plébiscite. L'empereur, pressé par lord Clarendon, lui répondit : " Nous avons reçu un gros soufflet de la Russie à propos de la Pologne ; nous ne pourrions en recevoir un nouveau de l'Allemagne à propos du Danemark ; autrement, nous tomberions dans le mépris. Or, je ne suis pas préparé à la guerre. " Pendant que ces pourparlers se poursuivaient, la conquête s'achevait ; les Austro-Prussiens se substituaient en Holstein à leurs confédérés et traitaient le Sleswig comme pays leur appartenant.

Enfin, sur les instances de l'Angleterre, une Conférence se réunit et un armistice fut conclu, armistice qui obligeait les Danois à débloquer leurs côtes et à supporter l'occupation des alliés dans le Jutland. Dès que la Conférence fut réunie, les plénipotentiaires prussien et autrichien déclarèrent que les duchés devaient être séparés du Danemark ; mais qui les gouvernerait ? Le comte Apponyi mit en avant le duc d'Augustenbourg ; M. de Bernstorff ne se prononça pas. Alors lord Russell proposa de laisser à l'Allemagne le Holstein et le sud du Sleswig. Les Allemands exigèrent tout le Sleswig. Dans ces conditions, les négociations ne pouvaient aboutir et, en effet, la Conférence ne tarda pas à se dissoudre. Quand M. de Bismarck apprit à Carlsbad cette nouvelle, il dit à M. de Gramont : " Grâce à la sagesse de votre souverain, voilà donc la guerre localisée. Nous allons la mener bon train ; il nous faut les duchés, nous les aurons... Après cela, vous pouvez être assuré que nous laisserons le roi de Danemark bien tranquille. " C'était joindre l'ironie à l'audace ; mais la France estimait que l'enjeu ne valait pas une intervention, et, si peu fière que fût cette attitude, elle déclara à M. de Moltke, par l'organe de M. Drouin de Lhuys, que " le Sleswig en totalité était perdu pour le Danemark ".

La guerre reprit donc ; tout le Jutland fut conquis, et il ne resta à Christian IX que les îles. Ainsi réduit à l'extrémité, il demanda la paix, se déclara prêt à abandonner le Holstein, le Sleswig et même le Lauenbourg, et signa, le 30 octobre 1864, un traité dans ce sens. La Prusse et l'Autriche intervinrent seules avec le Danemark par leurs signatures ; la Confédération germanique fut laissée en dehors ; le succès était donc double pour M. de Bismarck ; il ne pouvait, du reste, voir qu'avec plaisir que l'affaire s'était dénouée sans que l'empereur Napoléon en eût été l'arbitre.

Ainsi se préparaient les perturbations futures. La paix paraissait compromise ; l'Europe était désorientée. Qu'allait-il advenir des duchés de l'Elbe ? Quelles complications allaient sortir de leur copossession par l'Autriche et la Prusse ? Des événements prochains devaient répondre.

II.

Le duc d'Augustenbourg n'avait pas pénétré le jeu de la Prusse ; il croyait la partie gagnée pour lui. Dès le mois de juin 1864, il s'était rendu à Berlin, convaincu que ses droits y seraient pleinement admis. M. de Bismarck l'accueillit très bien, mais lui posa des conditions qui l'auraient réduit à un véritable état de vasselage ; le roi Guillaume, lui dit-il, se chargerait de la direction des postes et télégraphes, du recrutement, de l'organisation et du commandement de ses forces militaires ; de plus, il fortifierait Kiel, l'occuperait et serait propriétaire du canal projeté entre cette place et la mer du Nord ; enfin le nouvel État entrerait dans le système douanier prussien. Le duc s'indigna, protesta et quitta le ministre en très mauvais termes. Il était visible que M. de Bismarck méditait l'annexion des duchés à la monarchie prussienne ; mais qu'allait faire le cabinet de Vienne ? En réalité, celui-ci avait voulu complaire à la Confédération germanique en incarnant en elle les aspirations nationales ; mais voici qu'il se trouvait engagé dans les liens d'un allié impérieux et exigeant ; il pressentait ses desseins, mais n'osait provoquer des explications, attendu que M. de Bismarck, voulant s'assurer au préalable le concours de l'Italie et la tolérance de la France, gardait encore des ménagements.

La Prusse s'apprêtait à jouer en Allemagne le rôle du Piémont en Italie ; elle espérait être favorablement accueillie à Turin. Déjà dans le passé des insinuations étaient parties de ce côté : " Vous nous remercierez un jour, avait dit Cavour à l'envoyé prussien, de ce que nous vous avons ouvert le chemin. " Ces insinuations, très peu en harmonie avec les sentiments conservateurs du roi Guillaume, avaient été froidement reçues ; mais elles avaient donné à réfléchir. Dès 1862, un agent allemand fut envoyé à Turin et demanda quelle serait, en cas de guerre avec l'Autriche, la conduite de l'Italie. " On ne peut douter de nous, avait répondu le ministre des affaires étrangères ; le cas échéant, on nous trouverait toujours avec les ennemis de l'Autriche." Cette réponse fut suivie d'un long silence ; après quoi, la Prusse nomma ministre à Turin M. d'Usedom, très favorable à l'Italie.

On en était resté là, lorsque fut conclue la convention du 15 septembre 1864, par laquelle la France s'engageait à retirer ses troupes de Rome dans un délai de deux années, moyennant le transfert à Florence de la capitale. Par là, la solution de la question romaine semblait ajournée, et les prétentions immédiates de l'Italie devaient se concentrer sur Venise. Il n'était pas aisé de conquérir Venise ; à Berlin, on comprit que l'Italie ne pouvait espérer le succès que par le concours armé de la Prusse, et, comme au printemps de 1865, le désaccord entre deux puissances allemandes s'accentuait, M. d'Usedom devint pressant et expansif, ne cacha pas que la guerre ne tarderait pas à éclater et demanda quelle serait définitivement l'attitude de l'Italie. Le général La Marmora répondit qu'il devait consulter l'empereur Napoléon et, en effet, il lui fit connaître les ouvertures qu'il venait de recevoir.

De longue date, l'empereur avait témoigné des sympathies pour la Prusse ; il la considérait comme un État de second ordre, peu dangereux, ami du progrès et méritant dès lors sa faveur ; puis, comme, dans ses rêves, il méditait la transformation de la carte de l'Europe, il trouvait la Prusse mal conformée. Un des hommes qui furent l'écho des Tuileries à partir de 1859, Edmond About, avait écrit avec une imprévoyance inouïe : " Nous ne craignons pas un royaume de 26 millions d'Italiens ; nous ne craindrions pas davantage 32 millions d'Allemands sur la frontière orientale. " Les prévenances ne s'en étaient pas tenues là, et, lors des manœuvres du camp de Châlons, les officiers prussiens s'étaient vus accueillir avec un empressement marqué. M. de Bismarck avait pris soin de ne pas négliger ces bonnes dispositions ; lors de ses séjours à Paris, il avait lancé des ballons d'essai et feint de consulter les ministres de l'empereur ; dans l'affaire danoise, il avait fait sonner haut sa gratitude pour le gouvernement français ; puis, rencontrant M. de Gramont à Vienne en 1864, il lui avait fait des confidences un peu hâchées et donné à entendre que, moyennant une alliance avec la France, il lui donnerait peut-être un gage. A Paris, le ministre de Prusse, M. de Goltz, servait très habilement les desseins de son maître ; il flattait l'empereur, parlait de ses mérites et croyait avoir si bien réussi, qu'il écrivait : " Si nous le voulions, nous pourrions facilement obtenir l'alliance de Napoléon contre l'Autriche. " M. de Bismarck hésitait à trop s'engager de ce côté ; il craignait que M. Drouin de

Lhuys ne fût pas aussi impuissant que le disait M. de Goltz, et, sans renoncer à une démarche positive, il attendait le moment propice.

On vient de voir que les rapports entre les deux puissances allemandes se tendaient. M. de Bismarck, en effet, avait formulé, au mois de février 1865, vis-à-vis de l'Autriche le programme qu'il avait exposé au duc d'Augustenbourg. L'Autriche porta alors le litige devant la Confédération germanique, qui, par 9 voix contre 6, émit le vœu que le duc fût mis en possession du Holstein. Mais ce vœu resta platonique ; la Prusse s'installait de plus en plus dans les duchés ; elle avait fait appel aux syndics de la couronne pour émettre leur avis au sujet des prétendants ; les syndics se prononcèrent tout à coup contre le duc d'Augustenbourg et en faveur du roi Christian IX, et comme ce dernier avait abandonné ses droits à l'Autriche et à la Prusse, celles-ci étaient propriétaires des duchés ! Armé de cette trouvaille, M. de Bismarck haussa le ton vis-à-vis de l'Autriche et lui demanda de céder à la Prusse sur tous les points. A ce moment cependant, les deux monarques se rencontrèrent à Gastein et y conclurent, le 14 août, un arrangement provisoire confiant l'administration du Holstein à l'Autriche, celle du Sleswig à la Prusse et assurant à celle-ci le Lauenbourg moyennant indemnité ; en outre, certains droits étaient accordés à la Prusse dans le Holstein, droits lui permettant d'y conserver un pied solide. Le Holstein était ainsi enserré dans les possessions prussiennes, et M. de Bismarck ne pouvait que se féliciter d'une convention qui l'acheminait vers l'accomplissement complet de son plan. Avant de faire un pas de plus, il se retourna vers la France.

Le 4 octobre 1865, il se rendit à Biarritz, où résidait la Cour impériale ; c'était, à l'entendre, un voyage de touriste. Il savait que la convention de Gastein avait déplu à la France ; mais il ignorait son point de vue. Bientôt l'empereur, lui révélant sa pensée, l'interpella et, sans souci des intérêts français, lui dit : " Pouvez-vous m'affirmer en conscience que vous n'avez pas, sous une forme quelconque, garanti à l'Autriche la Vénétie ? " M. de Bismarck s'empressa de le rassurer. Napoléon demanda alors, sans paraître y attacher une grande importance : " Quelles sont vos vues sur le Holstein ? " — " Nous entendons nous l'approprier, quitte à assurer, s'il le faut, une indemnité pécuniaire à l'Autriche. " — L'empereur ne fit pas d'objections, et alors, mis en appétit, M. de Bismarck, parlant de la mission nationale de la Prusse, déclara qu'une Prusse vigoureuse se rapprocherait naturellement de la France. " Ces considérations, répondit Napoléon, sont dignes d'une sympathie attentive. " M. de Bismarck n'en demandait pas davantage ; il s'était posé en tentateur ; il avait réussi et il écrivit au roi Guillaume que, " d'après les observations qu'il avait recueillies, il envisageait l'opinion actuelle de la Cour impériale comme nous étant singulièrement favorable ". Il s'était aperçu que l'empereur n'avait qu'une passion: soustraire la Vénétie à l'Autriche ; cette révélation n'était pas tombée dans l'oreille d'un sourd.

Ces constatations faites, il pouvait avec plus de sûreté tâcher de lier partie avec l'Italie. Celle-ci, un peu déconcertée par la convention de Gastein et s'imaginant qu'une entente durable avait été nouée entre l'Autriche et la Prusse, s'était directement adressée à Vienne pour en obtenir la Vénétie moyennant indemnité ; elle ne réussit pas, et cet échec avait ouvert les voies aux habiletés prussiennes.

On était arrivé au commencement de 1866. La situation se tendait de plus en plus, et M. de Bismarck cherchait visiblement un prétexte de querelle. Une grande assemblée des partisans du duc d'Augustenbourg s'étant tenue à Altona, il éclata, somma l'Autriche de mettre fin dans le Holstein " aux indignes déclamations de la presse et aux menées de la petite Cour de Kiel, et de renoncer pour l'avenir à tout procédé agressif ". L'Autriche repoussa cette prétention ; mais la guerre ne s'ensuivit pas immédiatement. M. de Bismarck tâchait, par les dénonciations auxquelles il se livrait, de circonvenir son maître, de lui faire croire qu'il était provoqué, que l'Autriche voulait reléguer la Prusse à une place secondaire et que l'annexion des duchés était, en Allemagne, un vœu national. Il ne réussit que trop, et dans un grand conseil auquel assistèrent le 28 février divers personnages, on décida qu'il fallait se préparer à la guerre, en s'efforçant d'obtenir l'alliance de l'Italie et la tolérance de la France.

Précisément à cet instant arrivait à Berlin le général Govone pour conclure une entente. L'Italie s'était décidée à cette démarche sur les suggestions de l'empereur Napoléon, qui, vexé de n'avoir pu obtenir de l'Autriche la cession de la Vénétie, n'avait rien imaginé de mieux que d'encourager ses visées ambitieuses, ainsi que celles de la Prusse. M. Nigra, ambassadeur à

Paris et fort bien vu de la Cour impériale, poussait son gouvernement aux initiatives décisives : " Notre seul espoir, lui écrivait-il, se résume aujourd'hui en une guerre d'accord avec la Prusse. " Les négociations se poursuivirent à Berlin, non sans quelque difficulté ; l'agent italien se défiait de M. de Bismarck et craignait que celui-ci ne se laissât aller à s'entendre avec l'Autriche ; on agita longuement aussi le point de savoir qui entrerait le premier en campagne. Finalement, le 8 avril, un traité d'alliance fut conclu pour trois mois, le cabinet de Berlin se réservant de fixer l'heure des hostilités. La courte durée du traité obligeait de précipiter les choses, et, comme il arrive toujours en pareil cas, ce furent les armements réciproques qui servirent de prétexte aux récriminations. M. de Bismarck exigea le désarmement de l'Autriche dans tout l'étendue de l'empire. L'Autriche refusa, et ainsi la lutte devint imminente.

Ce qui la retarda un peu, c'est que la Prusse ne se croyait pas tout à fait rassurée du côté de la France. Elle se trompait, non sur les sentiments de la nation, mais sur les dispositions de l'empereur. Si, dans la phase où entrait l'Europe, M. de Bismarck était décidé à tout oser, Napoléon était disposé à tout tolérer, et cependant le sort futur de la France était en jeu, plus encore peut-être que celui de l'Autriche. M. de Goltz était chargé de s'assurer la bonne volonté de l'empereur. Celui-ci parlait vaguement de compensations : " Les yeux de mon pays, disait-il, sont tournés vers les bords du Rhin ; " mais il ne précisait rien ; une seule préoccupation continuait à le hanter : l'affranchissement de la Vénétie ; Bismarck lui-même ne pouvait croire à tant d'imprévoyance ; il s'imaginait que l'empereur avait des plans qu'il ne pénétrait pas, et, dans l'espoir de dissiper les inquiétudes qu'il lui supposait, il mit en avant, comme chose possible, une Confédération des États du Sud de l'Allemagne, pour servir de contrepoids à la Prusse. Au fond, Napoléon inclinait à tout laisser faire.

Tel n'était pas le sentiment de la France ; celle-ci eût désiré que le souverain se prononçât contre quiconque troublerait la paix de l'Europe. Le Corps législatif lui servit d'organe, lors de la discussion d'une loi sur le contingent. " Nous désirons, disait M. Ollivier le 27 avril, adresser un avertissement au gouvernement." Quelques jours après, le 3 mai, M. Thiers entra dans le débat : " Je viens, déclara-t-il, défendre cette chose sainte qu'on appelle le droit et qui est aujourd'hui foulée aux pieds... Je viens défendre cette autre chose non moins sainte, non moins compromise qu'on appelle la paix ; " puis, passant en revue les fautes de dernières années et jetant un regard prophétique sur l'avenir, il ajouta : " Cette Prusse agrandie et surtout associée à l'Italie, c'est la résurrection de l'Autriche d'autrefois associée à l'Espagne, c'est la reconstitution de l'empire de Charles-Quint. " Il conclut ainsi : " Pour conserver la paix, ce n'est pas à l'Autriche, c'est évidemment à la Prusse qu'il faut s'adresser... Je devrais dire peut-être, c'est à la Prusse qu'il aurait fallu s'adresser, car peut-être est-il trop tard. " L'approbation fut bruyante, et presque unanime ; elle n'éclaira pas l'empereur, résolu à s'enfoncer dans la politique fatale où il s'était engagé ;

au lendemain de la démonstration de la Chambre, il déclare à Auxerre " qu'il détestait les traités de 1815 dont on voulait faire la base de notre politique extérieure ". Puis, redoutant de s'être trop avancé, il manifesta des retours bienveillants, quoique peu significatifs, pour l'Autriche ; il parut favoriser un projet assurant la Vénétie à l'Italie et laissant l'Autriche conquérir la Silésie ; on négocia, du reste, de toutes parts ; la défiance était à l'ordre du jour, et la Prusse comme l'Italie n'avaient pas grande foi dans les liens contractés. Seul l'empereur conservait sa sérénité ; il découvrait dans les complications présentes le moyen pour l'Italie d'obtenir la Vénétie et pour lui d'être l'arbitre de l'Europe. Il lança donc un projet de Congrès avec cet ordre du jour : " Libération de la Vénétie ; garanties pour le pouvoir temporel ; sort des duchés de l'Elbe ; réforme fédérale. " L'Autriche n'adhéra qu'à la condition qu'aucun des États invités ne poursuivît un agrandissement de territoire ou un accroissement de puissance : c'était l'échec du Congrès. Ainsi s'évanouissait toute chance de paix et M. de Bismarck exultait.

L'Autriche commit alors le 1er juin la faute de remettre à la Diète le règlement de l'affaire des duchés et de convoquer les États du Holstein pour exprimer leurs vœux au sujet de leur sort futur. Aussitôt M. de Bismarck dénonça la violation du traité de Gastein et donna l'ordre au général de Manteuffel de passer du Sleswig dans le Holstein ; le général exécuta ces ordres vers le 8 juin, et les troupes autrichiennes se retirèrent devant lui.

La guerre était virtuellement déclarée. M. de Bismarck reporta toutes les forces de la Prusse vers le centre de l'Allemagne et la Bohême, en laissant un simple rideau de troupes sur le Rhin. Il était cependant inquiet des résolutions que Napoléon aurait pu prendre, et, à cette heure décisive, il lui fit dire qu'il ne serait peut-être pas tout à fait impossible d'amener le roi à céder à la France les bords de la haute Moselle. Mais ces appréhensions étaient vaines ; Napoléon se figurait que les choses tourneraient en faveur d'un arbitrage dont il dicterait les conditions ; pourtant, toujours obsédé par la pensée de la Vénétie, il obtint de l'Autriche le 12 juin que, quelles que fussent les suites de la guerre, elle lui remettrait cette province pour prix de sa neutralité : ainsi il travaillait pour l'Italie à l'insu de l'Italie même !

Le 11 juin, l'Autriche, se fondant sur l'entrée des Prussiens en Holstein, demanda à la Diète la mobilisation de tous les corps d'armée fédéraux ; elle obtint gain de cause le 14 juin, par 9 voix contre 6 ; immédiatement le représentant de la Prusse déclara au nom du roi que le pacte fédéral n'existait plus, et peu de jours après les hostilités s'ouvrirent à la fois en Allemagne et en Italie.

III.

On croyait généralement que la guerre qui venait d'éclater entre la Prusse et l'Autriche serait aussi longue que meurtrière, que les deux rivales en sortiraient fort affaiblies, mais qu'à tout prendre l'entreprise de M. de Bismarck était téméraire et qu'il serait vaincu. Tel était au moins le sentiment, peu raisonné du reste, qui dominait en France. Les Autrichiens avaient bien été battus à Magenta et à Solferino ; mais c'était par les Français ! que ne pourraient-ils contre les Prussiens ! N'avaient-ils pas avec eux tous les États de l'ancienne Confédération germanique et à leur tête un général, Bénédek, qu'on représentait comme un capitaine hors ligne ? Cependant ceux qui supputaient les chances avec calme reconnaissaient que la Prusse avait bien des atouts dans son jeu ; son gouvernement était dirigé par un homme d'État de premier ordre et son armée par un organisateur exceptionnel, M. de Moltke, esprit naturellement froid, mais impétueux quand il le fallait, doué de qualités de décision remarquables ; elle s'était d'ailleurs assurée de l'alliance italienne, qui du Sud menaçait l'Autriche et l'obligeait à diviser ses forces. Malgré ces avantages, elle eût été affaiblie par la nécessité d'observer la frontière française, si elle n'avait pas cru pouvoir compter sur l'imprévoyance de Napoléon III. Payant d'audace, elle dégarnit ses possessions du Rhin, rassembla toutes ses troupes, envahit brusquement le Hanovre, la Saxe et la Hesse-Cassel, puis, faisant converger tous ses bataillons vers un même point, entra dès le 23 juin 1866 en Bohême.

Pendant que ces succès rapides se dessinaient, la lenteur présidait aux préparatifs de l'Allemagne du Sud. Tout à coup, on apprit que les Autrichiens avaient été victorieux à Custozza ; d'autres que Moltke et Bismarck se fussent donné le temps de réfléchir ; mais, convaincus que, pour paralyser la France et écraser l'Autriche, il fallait frapper rapidement de grands coups, ils poursuivirent sans tarder leur marche en avant. L'inquiétude commença en France à succéder à la confiance : que faisait Bénédek ? Quel était son plan ? En avait-il un ? Les Prussiens ne se le demandèrent pas. Il s'agissait pour eux de vaincre autant par l'intimidation que par la supériorité sur le champ de bataille. On rapporte que Bénédek, déconcerté, supplia le 1ᵉʳ juillet l'empereur François-Joseph de signer la paix ; il ne fut pas écouté. Le 3, les deux armées se rencontrèrent à Sadowa, et les Autrichiens furent écrasés, sans que les Badois, les Bavarois et les Wurtembergeois eussent eu le temps de prendre part à l'action. La route de Vienne était ouverte.

Au bruit des premiers succès de la Prusse, l'anxiété s'était emparée des Tuileries. Autant qu'il est possible de pénétrer les combinaisons que caressait l'esprit aventureux de l'empereur, on est fondé à croire qu'il espérait consommer la ruine des traités de 1815, affranchir la Vénétie, modifier quelque peu la configuration de la Prusse, mais, en même temps, en exploitant les pertes en hommes et en argent des belligérants, se sentir assez fort pour leur imposer des compensations en faveur de la France. Dès le 3 juillet, avant même que l'issue de la journée de Sadowa pût être connue, l'empereur comprit que l'échiquier de la lutte se disposait autrement qu'il ne l'avait pensé. Il vit le ministre du roi Guillaume à Paris, M. de Goltz, lui recommanda la modération et, se condamnant lui-même, il lui dit : " Vous savez que le grand rôle joué par la Prusse n'eût pas été possible sans ma neutralité." Le lendemain, on apprit le désastre autrichien : ce n'était pas seulement le sort de l'Allemagne qui s'était débattu, c'était aussi celui de la France. Aussi à l'anxiété succéda la consternation. Précisément à ce moment arriva le prince de Metternich, qui demanda la médiation de l'empereur et lui offrit la Vénétie. Napoléon saisit avec empressement cette occasion d'atténuer son effacement ; il télégraphia au roi Guillaume et au roi Victor-Emmanuel et leur demanda un armistice, en se basant sur les succès éclatants de la Prusse. En même temps, le *Moniteur* publia une note annonçant cette intervention, et les thuriféraires officiels s'écrièrent que Napoléon était l'arbitre de l'Europe.

Il s'en fallait cependant que le gouvernement français fût rassuré. Deux courants se manifestaient dans son sein. Le ministre des affaires étrangères, M. Drouin de Lhuys, appuyé par l'impératrice, préconisa la politique d'action et l'envoi d'un corps d'observation sur la frontière de l'est. Le ministre de l'intérieur, M. de Lavalette, combattit ces résolutions, rappela que l'empereur avait présidé à l'alliance de l'Italie et de la Prusse et affirma, du reste, que la France n'était pas prête à entrer en campagne. Napoléon, irrésolu une fois de plus, ne se prononça pas. Mais il semble que, dans le camp prussien, on n'ait pas eu connaissance de ces hésitations. C'est pourquoi, malgré l'irritation qu'on y ressentit, on résolut de ménager la France. Le roi Guillaume répondit donc qu'il acceptait les bons offices de Napoléon, mais qu'avant tout il devait se concerter avec l'Italie et qu'un armistice dépendait de la conclusion d'une entente sur les conditions générales de la paix. L'Italie, profitant des succès d'autrui, fit une réponse analogue. Pendant que ces échanges de vues se poursuivaient, l'armée prussienne ne cessait d'avancer et les troupes italiennes, franchissant le Pô et tournant le quadrilatère, pénétraient en Vénétie.

Tout cela n'était guère encourageant. A Paris, l'alarme croissait à vue d'œil. Aussi M. Benedetti reçut l'ordre de se rendre au quartier général du roi Guillaume à l'effet d'insister en faveur d'un armistice, et peut-être eût-il échoué, si M. de Bismark, redoutant la défection de l'Italie, une intervention de la France et le mécontentement de la Russie, ne s'était décidé à préciser les conditions de paix ; il déclara que la Prusse pourrait se contenter d'un accroissement de territoire reliant les deux parties de la monarchie et de la formation d'une Confédération de l'Allemagne du Nord sous son hégémonie.

Il est probable que, s'il avait été témoin du désarroi qui régnait aux Tuileries, ses conditions eussent été encore plus dures. Autour de l'empereur, on s'agitait sans s'entendre. Quant à lui, il paraissait affaissé. Cependant, beaucoup, confiants dans sa fortune passée, se plaisaient à croire que son silence cachait une méditation profonde et quelque conception de génie. La Prusse était représentée à Paris par un diplomate, M. de Goltz, plein de sagacité et ayant les qualités maîtresses nécessaires pour s'emparer d'un esprit flottant et l'amener à ses vues ; il avait discerné l'état d'âme de Napoléon ; le 11 juillet, il écrivait à sa cour : " L'empereur paraît avoir perdu toute boussole de route ; " un instant, il put craindre que l'arrivée à Paris de M. de Beust, venant insister pour l'envoi à la frontière d'un corps d'observation, ne déroutât ses combinaisons ; mais il ne tarda pas à s'apercevoir que ce dernier avait échoué, et, quand il revit l'empereur le 13 juillet, il l'entendit bien se plaindre de ce que sa médiation fût perpétuellement ajournée, mais, poursuivant la conversation, il obtint de lui des déclarations capitales : l'empereur se prononçait pour l'intégrité de l'Autriche, l'indépendance de l'Allemagne du Nord et la conservation du royaume de Saxe : il ne protestait pas contre les annexions réclamées par la Prusse et l'établissement d'une Confédération du Nord de l'Allemagne sous son hégémonie ; la suppression d'un certain nombre d'États était à ses yeux " une question de détail, une affaire, non d'ordre international, mais à débattre entre Allemands ". On pense si M. de Goltz sortit enchanté de l'audience impériale : Napoléon avait consenti à ce qu'il se formât sur la frontière française une grande Prusse compacte ! Dès qu'il l'apprit, M. Drouin de Lhuys ne cacha pas sa consternation : " Maintenant, dit-il, il ne nous reste plus qu'à pleurer (1). "

---

(1) " Si la France alors n'avait que très peu de troupes disponibles, a dit M. de Bismarck au Reichstag le 16 janvier 1874, néanmoins un petit appoint peu considérable de troupes françaises eût suffi pour faire une armée très respectable en s'unissant aux corps nombreux de l'Allemagne du Sud... Une telle armée nous eût mis de prime abord dans la nécessité de couvrir Berlin et d'abandonner tous nos succès en Autriche. " D'après le témoignage de M. de Bismarck lui-même, " Napoléon n'a pas su tirer parti de sa position en 1866 ; il a manqué de courage ". (Voir *Ses Mémoires*, recueillis par BUSCH.)

Ce point capital acquis, la Prusse pouvait se montrer accommodante vis-à-vis de l'Autriche ; du reste, si elle ne lui enlevait aucune province, elle la chassait de l'Allemagne et ce résultat n'était certes pas à dédaigner. Cependant, le roi Guillaume et le parti militaire trouvèrent ces concessions excessives ; M. de Bismarck insista, démontrant que l'Autriche était nécessaire à l'équilibre européen ; il l'emporta, et les préliminaires de paix furent signés le 26 juillet. Un point restait obscur : qu'allaient devenir les États du Sud de l'Allemagne ? Les préliminaires disaient qu'ils formeraient entre eux une union dont les liens avec le Nord seraient réglés par une entente commune. On vit bientôt ce que M. de Bismarck réussit à faire sortir de cette stipulation.

Pendant que tout ceci se passait, l'Italie se donnait les airs d'une puissance invincible ; elle avait la prétention de conquérir et non de recevoir comme cadeau la Vénétie ; elle réclamait aussi le Tyrol italien. Mais sa flotte ayant été battue à Lissa, le 20 juillet, elle se résigna à céder.

Napoléon avait bien joué un certain rôle au cours des négociations ; en apparence, son influence avait pesé dans la balance ; mais, à considérer les choses froidement, les résultats étaient désastreux pour la France ; elle se trouvait en face de l'Italie mécontente et de la Prusse agrandie, fortifiée et pleine d'orgueil. L'empereur le sentait bien et, à partir de ce moment, il s'efforça d'obtenir le prix de ses complaisances. Mais il y a dans la vie des nations des heures où il est trop tard pour réussir. Tant que la paix, consacrant le succès des ambitions prussiennes, n'était pas signée, il pouvait espérer, en jetant son épée dans la balance, obtenir des compensations ; au lendemain de cette paix, ce n'était plus qu'une chimère.

Il est vrai que des insinuations avaient été faites par la Prusse pendant les pourparlers qui suivirent Sadowa : ne fallait-il pas alors endormir l'empereur ? Mais quand, les fruits de la victoire étant définitivement fixés, la France demanda, le 5 août, la rive gauche du Rhin jusqu'à Mayence, M. de Bismarck invoqua le sentiment national pour repousser toute cession de territoire allemand ; puis, joignant l'ironie à la désinvolture, il ajouta : " peut-être pourrait-on trouver d'autres chemins pour vous contenter ". Des indiscrétions savantes furent faites; les réclamations du gouvernement français furent bientôt divulguées, et M. de Bismarck en profita pour éveiller les défiances de la Russie et attirer dans son orbite les États du Sud de l'Allemagne.

Une résolution virile, n'eût-elle pas été tardive, n'était guère probable de la part de Napoléon. Il avait dit, un mois auparavant, à M. de Beust : " Je ne suis pas prêt à la guerre ; " puis, il était souffrant, et à cet instant même, le 11 août, arrivait à St-Cloud l'infortunée impératrice Charlotte. Cependant, il lui était difficile de se replier tout à fait, et, les compensations allemandes lui étant refusées, il imagina qu'il pourrait bien s'annexer la Belgique. Les historiens français estiment qu'en caressant ce projet, il eut une excuse : les suggestions de M. de Bismarck. Ces suggestions se sont-elles produites et dans quelle mesure ? Ce problème n'est pas encore tout à fait éclairci. Si M. de

Bismarck parla de la Belgique, n'était-ce pas à titre de dérivatif, pour écarter de l'Allemagne les ambitions impériales et amener les États du Sud à se jeter dans les bras de Berlin ? Peut-être aussi y eut-il piège de sa part. Ce qui est certain, c'est qu'il n'écrivit rien et que les insinuations qu'on lui attribue n'ont été formulées que dans les conversations et ne se retrouvent que dans les dépêches françaises (1).

(1) M. Emile Ollivier rapporte une conversation entre le prince Napoléon et M. de Bismarck, que le premier de ces interlocuteurs lui raconta à son retour de Berlin le 27 mars 1868. M. de Bismarck avait débuté en vantant la nécessité d'établir de bonnes relations avec la France.

" — Sans doute, reprit le prince, mais il nous faudrait des compensations.

" — Je veux bien vous en donner, pour les annexions futures ; bien entendu, il ne peut pas être question des annexions passées : on ne se bat pas pour un soufflet reçu il y a six mois.

" — Quelles compensations ?

" — Vous savez bien, mais vous voulez me forcer à prononcer le mot. Eh bien ! je le prononcerai : la Belgique.

" — Vous nous offrez toujours ce qui ne vous appartient pas.

" — Oh ! ne me demandez pas des Allemands : voudrais-je vous en donner, je ne le pourrais pas, et je ne le veux pas. D'ailleurs, si je vous en donnais, vous ne pourriez pas les digérer. Et si vous insistez, je coupe la conversation. —

" On en revint donc à la Belgique. Le prince objecta l'opposition de l'Angleterre.

" — On parle sans cesse de l'Angleterre, s'écria Bismarck ; qu'est-ce que l'Angleterre ? Si j'étais la Turquie ou l'Egypte, je m'en préoccuperais. Je m'en inquiéterais encore plus si j'étais rajah des Indes, mais que me fait à moi l'Angleterre ? Une nation n'existe que par le nombre de soldats qu'elle peut mettre en ligne. Combien l'Angleterre peut-elle avoir de soldats ? Cinquante, cent mille. Et vous ? Cinq cent mille. Et nous ? Au moins autant. Que nous importe donc l'Angleterre, si nous sommes d'accord ? Les faibles sont faits pour être mangés par les forts.

" — Mais il faudrait au moins un prétexte pour attaquer la Belgique ?

" — Je n'y ai pas pensé, je ne suis pas prêt, répondit Bismarck ; mais, par exemple, vous pourriez chercher querelle à propos de cette maudite

Le gouvernement impérial et ses agents firent preuve en cette circonstance d'une naïveté extraordinaire. A la suite de certains propos attribués à M. de Bismarck, M. Benedetti, ambassadeur de France à Berlin, lui présenta un projet de traité par lequel, tandis que la France reconnaissait toutes les acquisitions de la Prusse, celle-ci accordait à celle-là son concours pour conquérir la Belgique et s'annexer le Luxembourg. M. de Bismarck, sans paraître ému, exprima le désir d'être mis en possession du document pour le montrer au roi ; M. Benedetti le lui remit sans conditions. Quelques semaines s'écoulèrent, après lesquelles M. de Bismarck substitua à son indifférence apparente à l'endroit du projet belge une hostilité peu déguisée. Dans l'intervalle, il avait eu soin d'offrir aux États du Sud des conditions de paix satisfaisantes et de les amener à une alliance offensive et défensive avec la Prusse, alliance qui, plaçant en cas de guerre toutes les forces allemandes

---

liberté de la presse. Vous envenimeriez la discussion, vous lanceriez quelques troupes ; nous crierions un peu, puis nous déclarerions que vous avez raison. Remarquez, ajouta-t-il aussitôt, que ce n'est pas le chancelier de la Confédération qui vous parle, c'est Bismarck : je ne sais pas ce que pense mon roi. Mais s'il consentait ainsi que l'empereur, je me rendrais à Biarritz, quoique ces voyages ne me réussissent pas, et je traiterais l'affaire directement avec Sa Majesté. N'en dites rien à Goltz, qui est l'homme du roi et non le mien. En ce qui me concerne, je ne veux pas traiter avec Benedetti : il est intelligent, mais se rappelle trop qu'il a été consul, et il veut faire le proconsul : ces manières ne réussissent pas ici. Ces sujets, d'ailleurs, ne doivent pas être traités par les voies régulières ; si on ne les débat pas directement, on n'y doit employer que des personnes qu'on puisse désavouer ; les ambassadeurs n'y doivent être mêlés que lorsque tout est terminé. " (L'Empire libéral, t. 10.)

Impossible de se mieux jouer de l'ingénuité de son interlocuteur.

sous son commandement, consacrait en réalité leur vasselage.

Ainsi échouaient les uns après les autres les plans ou les illusions de l'empereur ; M. de Bismarck était victorieux sur toute la ligne, et, pour comble de succès, il conservait pas devers lui l'écrit que lui avait remis M. Benedetti. Cependant, le gouvernement français chercha à jeter de la poudre aux yeux. Nul ne convenait mieux pour cette besogne que M. de Lavalette qui avait conseillé et servi la politique néfaste où s'effondrait la France. Faisant l'intérim du département des affaires étrangères après la retraite de M. Drouin de Lhuys, il écrivit le 16 septembre 1866 une dépêche dont la pensée se résumait dans la phrase suivante : " La France aura bientôt 40 millions d'habitants, l'Allemagne 37, l'Autriche 35, l'Italie 21, l'Espagne 18. Qu'y a-t-il dans cette distribution des forces qui doive nous inquiéter ? " Cependant, l'anxiété se trahissait dans un autre passage où il était dit que la France devait sans délai perfectionner son organisation militaire ; elle se révélait mieux encore dans cet aveu d'un des familiers des Tuileries, M. Mérimée : " L'empereur est préoccupé de bien des choses qui apportent chacune leur contingent d'embarras : le Mexique, l'Allemagne, le Pape, la mauvaise récolte, le fusil à aiguille. Tout est à solder à la fois. " M. Mérimée citait en premier lieu le Mexique et, en effet, il n'était pas pour l'empire d'affaire plus poignante que celle-là.

CHAPITRE VII.

I.

L'impératrice Charlotte était arrivée à St-Nazaire à l'heure où les armées de l'Autriche étaient battues et où les regards de la France étaient concentrés sur le conflit allemand. Nul moment ne pouvait être plus défavorable pour ses démarches ; mais les hommes ne mènent pas les événements : ils les subissent. L'infortunée souveraine arriva à St-Cloud ; elle insista, pria, conjura ; elle rappela les anciennes promesses ; mais elle ne put triompher de la froideur silencieuse de l'empereur, et, à peine l'eût-elle quitté, que celui-ci écrivit, le 29 août, au maréchal Bazaine : " Je compte sur vous pour débarrasser la France de cette question mexicaine, qui nous entraîne dans des difficultés insolubles. " C'était peu noble ; mais les aventures n'ont pas d'ordinaire d'autre issue. De Paris, l'impératrice se rendit à Rome, et c'est là qu'elle fut frappée du mal affreux qui devait bientôt la terrasser tout à fait et répandre la nuit sur son intelligence.

Bazaine, fidèle aux instructions reçues, s'occupa de rappeler ses troupes et de les faire converger dans la direction du golfe de Mexique. Tout échappait à la fois à Maximilien : l'argent, les soldats, les partisans, les alliances, et comme si aucune douleur ne devait lui être épargnée, il apprenait au même moment l'échec de la mission de l'impératrice et sa folie ! Il se raidit cependant contre la fortune, et il se résolut à continuer la lutte. Sur ces entrefaites arriva au Mexique le général de Castelnau, un des confidents de Napoléon, que celui-ci, redoutant une catastrophe et effrayé de la responsabilité qu'elle pouvait faire peser sur lui, avait chargé d'obtenir de Maximilien son retour en Europe. Maximilien refusa d'abord de le recevoir et, après bien des tergiversations, déclara, au mois de novembre 1866, qu'il était décidé à garder la couronne, sauf à laisser à un congrès national le soin de fixer les destinées du pays.

Pendant ce temps, la concentration des troupes françaises se poursuivait et, par une conséquence inéluctable, les limites de l'empire se resserraient. Le 13 décembre, Napoléon, de plus en plus désireux de liquider au plus vite l'entreprise mexicaine, télégraphia à Bazaine de rapatrier, non seulement son propre corps, mais la légion étrangère et même les corps belge et autrichien, s'ils le demandaient. On devine les perplexités au milieu desquelles se débattait Maximilien ; la prudence lui conseillait un prompt départ ; mais sa dignité s'offusquait à cette pensée. Autour de lui, les avis étaient divers ; Bazaine s'était d'abord prononcé pour la résistance ; puis il changea de sentiment. Un conseil intime se tint le 16 janvier 1867, à Mexico ; la majorité opina pour la lutte à outrance en vue de maintenir l'empire. Le 5 février, Bazaine quitta la capitale avec ses dernières troupes et, cédant à l'irritation qu'avaient fait naître en lui des conflits avec Maximilien, il lança en partant, comme la flèche de Parthe, une proclamation disant : " Soyez en certains, il n'est jamais entré dans les intentions de la France de vous imposer une forme de gouvernement contraire à vos sentiments. " Il s'embarqua le 11 mars. De son côté, l'empereur Maximilien avait longtemps hésité à prendre un parti définitif. M. de Beust, dans ses *Mémoires*, prétend que, s'il n'abdiqua pas, c'est qu'une lettre de sa mère, l'archiduchesse Sophie, lui avait dit que sa position serait intenable en Autriche et que mieux valait, s'il le fallait, s'enterrer sous les murs de Mexico. Toujours est-il que, peu après le départ de Bazaine, il quitta sa capitale pour prendre le commandement de son armée.

C'était une résolution héroïque, mais dont le succès n'était pas même problématique. L'empire n'existait plus que sur quelques points, à Queretaro, à la Vera-Cruz, à la Puebla et à Mexico. Néanmoins, Maximilien espérait remporter une victoire ; après quoi, il aurait convoqué un congrès pour l'inviter à se prononcer sur le sort du pays ; de cette façon, une auréole de gloire aurait lui sur le couchant de l'empire et le départ du souverain n'eût pas ressemblé à une fuite : désir magnanime assurément ; toutefois, il n'existait même plus de chances favorables. L'empereur avait pu réunir à Queretaro 10.000 hommes ; mais, au lieu de prendre l'offensive contre les troupes de Juarez encore disséminées, il se tint sur la défensive ; il ne tarda pas à être assiégé ; le siège dura deux mois ; le 15 mai, les troupes de Juarez entrèrent dans la ville (1). Maximilien et ses généraux furent faits prisonniers, et aussitôt un conseil de guerre fut convoqué pour les juger.

Il semble que, les premiers jours, l'empereur se faisait illusion sur le sort qui lui était réservé : tant il lui était difficile de se dégager des rêves qui avaient guidé ses pas vers ces rivages lointains ! tant aussi l'attachement à la vie réclame ses droits jusqu'à la dernière heure ! Il demanda une entrevue à Juarez et ne l'obtint pas ; il fit appel aux diplomates ; il confia sa cause à des avocats ; diplomates et avocats allèrent trouver le président à San-Luis de Potosi ; ils n'obtinrent rien, pas même un répit ; on leur répondit : " Comment voulez-vous qu'après avoir châtié les Mexicains rebelles, nous épargnions celui qui fut le chef de la rébellion ? " Le 13 juin, les débats commencèrent devant la commission militaire formée d'un lieutenant-colonel et de six capitaines. Les avocats s'efforcèrent de rejeter toutes les responsabilités sur la France ; mais leurs efforts restèrent vains : Maximilien et ses deux généraux, Miramon et Meija, furent condamnés à mort. L'em-

---

(1) On a cru longtemps que Maximilien avait été trahi par Lopez. Des documents récents paraissent établir que celui-ci se conforma aux ordres de son maître.

pereur fit preuve d'une force d'âme supérieure et il se prépara à subir son sort avec la dignité de sa race et la résignation du chrétien. De nouvelles tentatives furent faites ; elles échouèrent devant un refus inflexible, basé sur le salut de la république et la nécessité de terrifier quiconque voudrait désormais attenter à la souveraineté de la nation. Les trois condamnés furent exécutés le 19 juin, et l'on entendit Maximilien murmurer : Pauvre Charlotte !

Ainsi s'écroulait l'empire du Mexique ; ainsi également le prestige de l'empire français. Peu d'aventures peuvent fournir le sujet d'un récit aussi poignant que celle-ci ; on s'y heurte à chaque pas à la faiblesse et aux mécomptes de la politique de Napoléon III, aux illusions de Maximilien, à la cruauté du gouvernement de Juarez, au désarroi qui précéda l'effondrement de la cause impériale, aux incidents pleins d'horreur qui se rattachent au supplice des victimes. Et cependant M. Rouher avait proclamé l'expédition du Mexique "la plus belle pensée du règne". Si vraiment il en avait été ainsi, il aurait fallu ne rien négliger pour en assurer le succès final. Ses résultats lamentables, rapprochés de le jactance du début, n'étaient pas de nature à restaurer la fortune de Napoléon et à raffermir sa confiance en lui-même. On le vit bien dans la suite des événements.

II.

Napoléon III avait échoué dans ses projets d'annexion de la frontière du Rhin et de la Belgique. Mais, comme s'il était pénétré de la conviction qu'il avait mis la France à mal et qu'il devait lui ménager une revanche, il jeta les yeux sur le Grand-Duché de Luxembourg. Ce petit pays n'était pas précisément allemand ; il avait fait partie de la Confédération germanique ; mais ses liens avec elle avaient été brisés par la guerre, et la présence d'une garnison prussienne dans sa capitale n'avait pas de raison d'être. L'empereur se flattait par suite de mieux réussir de ce côté et il fit des ouvertures à Berlin. M. de Bismarck affecta de ne pas se montrer défavorable ; mais, avec l'art consommé qu'il apportait dans toutes les négociations, il insinua que la solution dépendait du roi des Pays-Bas ; le roi des Pays-Bas à son tour déclara qu'il ne ferait rien sans l'adhésion de la Prusse.

Les choses en étaient là, quand un débat politique surgit au Corps législatif. M. Thiers passa en revue les derniers événements et en conclut "qu'il n'y avait plus une faute à commettre". M. Rouher releva le gant ; tout en avouant que la journée de Sadowa avait été pour la France "une journée d'angoisses patriotiques"; il exalta le rôle du gouvernement de l'empereur et, en terminant, il s'écria que, au lieu de l'ancienne Confédération germanique dominée par l'Autriche et la Prusse et renfermant 75 millions d'habitants, on se trouvait en face d'une Allemagne divisée en trois tronçons : il n'avait pas compris que, sous l'impression du malaise général, la mesure et la modestie convenaient, même aux thuriféraires officiels. La réponse ne tarda pas et elle fut cruelle. Le jour même où la discussion se terminait à la tribune française, M. de

Bismarck, s'expliquant à Berlin au sujet d'une question qui lui avait été adressée, déclara " que les relations entre le Nord et le Sud de l'Allemagne avaient été garanties depuis la conclusion de la paix par des traités " et que ceux-ci avaient été rendus nécessaires par les sommations et les menaces de la France ; le lendemain, le *Moniteur prussien* publiait ces traités : ils remontaient au mois d'août 1866 !

Aucune humiliation ne manquait ainsi à la France, et, pendant qu'elle s'agitait, impuissante, dans des revendications tour à tour écartées, M. de Bismarck organisait fortement l'Allemagne en mettant la guerre, la marine, les chemins de fer, les voies navigables, les postes et les télégraphes, les intérêts généraux du commerce et de l'industrie des États du Nord aux mains du pouvoir fédéral où la Prusse domine. C'était aux yeux de Napoléon III une raison de plus pour tâcher d'obtenir le Grand-Duché de Luxembourg. Mais alors il s'engagea entre Berlin et La Haye un jeu destiné à faire perdre à la France cette dernière illusion. Le 26 mai, le roi des Pays-Bas déclara qu'il consentait à la cession, mais qu'il en avait avisé la Prusse, ne voulant, disait-il, rien faire à l'insu de son alliée. M. de Bismarck continua à témoigner une sorte de désintéressement officiel ; mais la presse fut bientôt informée de ce qui se tramait, les passions germaniques se mirent à bouillonner et le chancelier prussien fit savoir à M. de Goltz qu'il était débordé par l'agitation publique ; son hostilité s'accentua graduellement : si bien que le roi des Pays-Bas avertit le cabinet de Paris que, en présence des obstacles venus de Berlin, il ne pouvait donner suite au projet.

Napoléon III était ainsi mystifié, et, malgré son irritation, il sentit qu'il n'avait plus qu'une ressource: c'était de se ménager une retraite honorable. Son ministre des affaires étrangères, M. de Moustier, s'y employa : il avait trouvé l'affaire du Luxembourg engagée en prenant le pouvoir ; il se borna à poursuivre un dessein: amener la Prusse à évacuer la forteresse de Luxembourg.

M. de Beust, qui venait d'être placé à la tête du ministère autrichien et qui était impatient de jouer un rôle, seconda M. de Moustier et mit même en avant deux combinaisons. D'après la première, le Grand-Duché resterait sous la domination de la maison d'Orange ; suivant la seconde, il passerait aux mains de la Belgique, sauf abandon par celle-ci à la France de Mariembourg et de Philippeville. Napoléon, pressé d'en finir, n'insista que pour l'évacuation. M. de Bismarck hésita d'abord à se prononcer nettement, puis finit par émettre l'avis que la demande d'évacuation fût formulée par la Hollande et que le Grand-Duché, devenu État neutre, fût placé sous la garantie des puissances. Dans l'entrefaite, la Russie proposa la réunion d'une Conférence européenne pour trancher le différend ; tout le monde accepta ; la Conférence s'assembla au mois de mai ; elle maintint la souveraineté de la maison d'Orange sur le Grand-Duché, le rangea parmi les États neutres et stipula que la ville de Luxembourg serait démantelée. C'était pour la France une fiche de consolation bien maigre ; mais elle se hâta de déclarer que la solution adoptée achevait de protéger ses frontières septentrionales ; vers le même temps, M. de Moltke écrivit :

" La question du Luxembourg n'amènera probablement pas d'hostilités ; rien ne saurait nous être plus agréable qu'une guerre *qui, malgré tout, ne se peut éviter.* "

Pendant que la Prusse affermissait ses conquêtes, que le drame mexicain approchait de sa fin et que le conflit luxembourgeois laissait ouvertes des perspectives menaçantes, la France avait préparé une Exposition universelle par laquelle ses initiateurs s'efforçaient de donner à l'empire un vernis de magnificence extraordinaire. L'Exposition s'était ouverte le 1er avril au milieu des inquiétudes ; mais, six semaines après, celles-ci étaient conjurées. On s'empressa de rejeter bien loin les préoccupations maussades et l'on ne songea plus qu'à s'amuser. La fête dura six mois. " Ce fut, dit M. de la Gorce, comme une gigantesque féerie transportée dans la vie réelle et la pénétrant d'aspects fantastiques. " L'Exposition comprenait un parc et un palais : " dans le parc triomphait la fantaisie avec beaucoup de joyeusetés fort risquées ; dans le palais régnait le génie du classement : là s'étalaient, en un ensemble très digne d'étude, tous les produits de l'industrie humaine ". Mais, au dehors, elle fut le prétexte d'une sorte de carnaval de folie : " Jamais le grand monde et le demi-monde, emportés par un égal étourdissement, ne se côtoyèrent en une liesse pareille, en une pareille franche lippée. " Les princes accoururent de toutes les capitales de l'Europe, comme pour donner à l'empire des illusions sur sa grandeur fuyante. Parmi eux, les plus empressés furent l'empereur Alexandre et le roi Guillaume. L'empereur Alexandre, en revenant d'une revue où avaient été déployées toutes les splendeurs d'un grand appareil militaire, fut l'objet d'une tentative d'assassinat. Il y eut un froid ; mais bientôt le plaisir reprit le dessus. Le roi Guillaume prodigua toutes les ressources de son amabilité ; il vanta le génie de l'empereur et les charmes de l'impératrice ; il était accompagné de M. de Bismarck, qu'on regardait avec curiosité comme pour interroger l'avenir : pénétré de sa force, celui-ci parlait des derniers événements avec une grande désinvolture, et, sans avoir l'air d'y toucher, il disait que puisque l'Autriche, par l'effet de la médiation napoléonienne, était restée intacte, " à la première occasion nous (l'Autriche et la Prusse) pourrions nous réunir comme par le passé". Cependant, la politique demeura à l'arrière-plan ; le monde officiel, imitant la foule, recherchait ce qui parlait aux sens et à l'imagination, ce qui flattait une curiosité facile ; et, sans songer à se mettre en contact avec les gloires que la France comptait encore dans les Chambres, à l'Institut, à l'Académie, au Palais de Justice, il se pressait dans les théâtres, applaudissait la *Belle Hélène*, *Barbe bleue*, *la Grande Duchesse de Gérolstein*, et s'enivrait de la musique étourdissante d'Offenbach.

On ne se faisait pas faute non plus d'exalter les bienfaits de la paix. Mais, à peine l'empereur Alexandre et le roi Guillaume étaient-ils partis, à peine le Sultan était-il arrivé, que retentit comme un glas funèbre la nouvelle de l'exécution de l'empereur Maximilien, et ce fut ainsi, sous un voile de tristesse, qu'eut lieu au Palais de l'Industrie la distribution des récompenses aux exposants. Tout d'ailleurs a une fin ; les entraîne-ments joyeux avaient formé une sorte de trêve ; mais, la trêve terminée, les soucis reprirent leurs droits. L'empereur Napoléon se sentait isolé ; une alliance lui paraissait utile ; il songea à s'en procurer une ; il se tourna vers l'Autriche, et une entrevue fut ménagée à Salzbourg entre les deux souverains ; elle eut lieu au mois d'avril 1867. L'opinion se figure aisément que les choses auxquelles elle n'est pas initiée présentent une importance proportionnée au mystère qui les couvre. On parla donc d'une entente qui se serait conclue entre les deux États. En réalité, rien de pareil ne s'était fait ; l'éventualité d'une prochaine guerre n'avait pas même été abordée. Mais M. de Bismarck, qui saisissait toutes les occasions de faire sentir le lourd poids de sa puissance, affecta d'envisager la rencontre des deux empereurs comme une provocation, et il traça une dépêche fort raide dans laquelle il réprouva toute velléité d'une immixtion étrangère dans les affaires allemandes. Cette dépêche n'était pas pour dissiper les appréhensions de Napoléon III. Aussi, à son retour en France, dans une réponse au maire de Lille, il déclara : " Des points noirs sont venus assombrir notre horizon. De même que la bonne fortune ne m'a pas ébloui, des revers passagers ne me décourageront pas ".

Ce fut sous cette impression pénible que se ferma l'Exposition. Avait-elle été pour la France de quelque utilité ? Certes les hôtes avaient été nombreux ; mais, parmi eux, les amis ne se rencontraient pas. L'étranger avait été prodigue de compliments ; cependant, il ne pouvait plus se dissimuler la faiblesse de l'empire.

III.

L'Italie fut la première à faire goûter à l'empereur les amertumes de la politique qu'il avait suivie. Il aurait eu besoin de se recueillir, de restaurer les forces du pays èt de reconquérir patiemment la confiance de l'Europe ; mais les fautes qu'il avait commises ne lui permirent pas de jouir du moindre répit.

On se rappelle quelles étaient les stipulations de la convention du 15 septembre 1864 : la capitale du nouveau royaume était transférée à Florence et le départ des troupes françaises devait s'opérer en deux années. A peine l'arrangement était-il conclu, que les Italiens répétèrent sur tous les tons que Florence n'était qu'une étape vers Rome et que les aspirations nationales subsistaient en leur entier; ces pronostics trouvaient leur écho dans les Chambres. Les ministres n'étaient pas les derniers à les encourager. De son côté, le Pape, pénétré du caractère, supérieur au temps, de sa mission et ne comptant pas sur les ménagements humains, avait publié le 8 décembre 1864 une Encyclique fameuse qui servit de thème bruyant à ses ennemis : on prétendit qu'il s'était attaqué à la société moderne et que les maximes énoncées par lui étaient en désaccord avec les bases et les habitudes qu'elle avait adoptées. Il y avait une part notable d'exagération dans cette façon d'envisager l'Encyclique ; néanmoins il est certain que celle-ci ne facilita pas l'apaisement, eût-il été possible, bien que le Pape, par sa grâce, sa bonté, ses vertus, ne cessait de voir graviter vers lui de vives et profondes sympathies.

A mesure qu'on approchait de l'expiration des deux années, fixées par la convention du 15 septembre, l'anxiété du monde catholique augmentait. Recevant le 1er janvier 1866 le général de Montebello et ses officiers, Pie IX leur dit : " Après votre départ, les ennemis de l'Église viendront peut-être à Rome. " Cette éventualité préoccupait aussi Napoléon III. D'une part, il encourageait le Pape à se procurer des troupes de défense et il en favorisait la formation ; de l'autre, il recommandait à Victor-Emmanuel la modération. C'était de ce côté qu'il pouvait le moins espérer ; la reconnaissance est presque toujours difficile à porter ; l'acquisition de Venise s'était faite dans des conditions qui avaient exaspéré le patriotisme italien ; celui-ci, pour se montrer indépendant de l'empereur, posait ouvertement la question de Rome.

Napoléon III, conscient de sa responsabilité, envoya, au moment de la retraite des troupes françaises, le général Fleury auprès du roi Victor-Emmanuel pour lui dire qu'il n'abandonnerait pas le St-Père et que, si une émeute le forçait à quitter sa capitale, une armée française l'y ramènerait. La note dont le général était porteur traçait la ligne de conduite qui était conseillée au roi : " Si le gouvernement italien, disait-elle, marche dans cette voie, il peut être certain de la sympathie et de l'appui de l'empereur ; sinon, non. " Le général fut bien accueilli par le souverain italien ; mais il ne parvint pas à pénétrer ses intentions ; l'inquiétude et la confiance se reflétèrent tour à tour dans ses dépêches. Il comptait être définitivement fixé lors de l'ouverture du parlement, le 15 décembre 1866; il ne le fut guère. Victor-Emmanuel parla des engagements pris et de sa reconnaissance envers l'empereur ; mais, en même temps, il faisait allusion aux aspirations nationales. Le général, tout en avouant qu'il avait espéré davantage, émit l'avis qu'il fallait " se contenter de ce succès " ! L'empereur partagea cet avis et félicita son envoyé au sujet de la réussite de sa mission. Au delà des Alpes, on avait trouvé Victor-Emmanuel trop condescendant ; dans l'intervalle, les dernières troupes françaises avaient quitté Rome, le général de Montebello s'était embarqué le 13 décembre et aussitôt une corvette autrichienne était apparue dans les eaux de Civita-Vecchia, comme pour recueillir le Pape.

Les événements longuement prédits et attendus ne se réalisent d'ordinaire pas à l'heure annoncée. Les mois qui suivirent l'évacuation de Rome par les troupes françaises furent très paisibles ; bientôt, le carnaval battit son plein, et le mois de juin 1867 ramena la commémoration centenaire du martyre de saint Pierre ; les pèlerins affluèrent à Rome, et, sous l'empire tout à la fois des témoignages de fidélité qui lui étaient prodigués et de sa confiance en Dieu, Pie IX donna rendez-vous à l'épiscopat pour un prochain Concile œcuménique.

Ainsi se trouvaient déjoués les plans du parti d'action. Il eût bien voulu susciter à Rome une émeute; il n'y réussit pas et, par là même, tout prétexte d'invasion manquait au gouvernement piémontais. Alors, on se tourna vers Garibaldi ; celui-ci répondit à l'appel, prit en mains la direction de ce qu'il qualifiait le mouvement national et ouvrit sur divers points de l'Italie des bureaux d'enrôlement en cherchant à susciter surtout l'agitation sur les frontières pontificales. M. Rattazzi, qui occupait en ce moment à Florence la présidence du conseil, affecta de se montrer très rassuré. Mais le plan de Garibaldi ne tarda pas à se dessiner. Il se rendit d'abord à Genève, y convoqua ses partisans, leur adressa des harangues enflammées, les invitant à détruire tous les trônes et à abattre " l'institution pestilentielle de la papauté " ; il proclama en même temps la fraternité de tous les peuples, exalta la paix, mais recommanda la guerre aux tyrans. Puis, la partie oratoire étant terminée, il pénétra à la tête de ses recrues en Italie, traversa Florence et se dirigea vers le territoire pontifical. M. Rattazzi, mis en demeure par la France d'agir, recourut d'abord aux moyens de persuasion ; ayant échoué, il fit arrêter le condottiere et l'interna à Alexandrie. Des protestations éclatèrent en Italie. Aussitôt M. Rattazzi laissa Garibaldi regagner Caprara, disant que sept bâtiments de guerre étaient chargés de le surveiller. Mais déjà le mal était fait : les bandes que ce dernier avait formées ne se dispersèrent pas et elles s'engagèrent à la fin de septembre sur le petit territoire pontifical, dont cependant le gouvernement italien gardait toutes les issues. L'armée papale, formée de 8 à 9.000 hommes et dont les meilleurs corps étaient composés de Belges et de Français réunis sous l'appellation de zouaves pontificaux, tint vaillamment tête aux envahisseurs et fit des prodiges de valeur ; mais tout autorisait à craindre qu'elle ne fût bientôt débordée par le nombre des ennemis, d'autant plus que Menotti Garibaldi venait de manifester sa présence à quelques lieues de Rome.

M. Armand, chargé d'affaires de France, l'œil fixé sur le péril, ne se lassait pas de dénoncer à son gouvernement les complaisances du ministère italien ; mais il ne recevait pas d'instructions. Il était visible que Victor-Emmanuel et ses conseillers espéraient de la part de l'empereur une nouvelle capitulation : ils multipliaient auprès de lui les amorces ; ils insistaient sur le caractère impérieux du courant national ; ils prétendaient que la convention du 15 septembre ne visait pas le cas d'une insurrection à Rome et que, si une telle éventualité se réalisait, les troupes italiennes devaient pouvoir entrer sur le territoire pontifical pour y sauvegarder la sécurité générale. M. Nigra déploya dans ce but toutes les ressources de sa diplomatie. L'empereur, une fois de plus, évitait de se prononcer, niant seulement que Rome fût sous le coup d'une émeute ; ses ministres étaient divisés : M. de Lavalette, ayant derrière lui le prince Napoléon, plaidait la condescendance envers l'Italie ; M. de Moustier et le maréchal Niel se rangeaient à une politique d'énergie. Victor-Emmanuel, pressentant la possibilité d'une nouvelle expédition française, recourut aux grands moyens et déclara à l'attaché militaire de France que, si les troupes italiennes n'entraient pas dans les États pontificaux en même temps que les troupes françaises, sa couronne serait compromise. Dans l'entre-temps, le danger grandissait ; les troupes pontificales, sans cesse harcelées, étaient menacées de ne pouvoir bientôt plus suffire à la tâche ; il fallait donc que les tergiversations cessassent. Napoléon, étant rentré à Saint-Cloud le 15 octobre, se prononça le 16 pour l'intervention, et le 17 un télégramme fut envoyé de Paris disant : " Que le gouvernement pontifical continue à se défendre énergiquement : l'assistance de la France ne lui fera pas défaut. " M. Armand se hâta de porter la bonne nouvelle au St-Siège, qui ne ménagea pas les expressions de sa gratitude.

Mais, durant la période de décadence de l'empire, dans les affaires d'Italie plus encore que dans les autres, quand l'empereur avait fait un pas en avant, il en faisait un en arrière. A peine la dépêche à M. Armand était-elle expédiée, que l'ordre d'embarquement des troupes fut suspendu et que le gouvernement se résolut à faire appel au préalable aux sentiments d'amitié de Victor-Emmanuel pour la France. Une note dans ce sens parut au *Moniteur* du 21 octobre. Le 22, Garibaldi, qui s'était évadé de Caprara, était à Florence ; il harangua publiquement le peuple, puis se dirigea vers Terni, tandis que ses émissaires s'efforçaient de provoquer une sédition à Rome. Le péril devenant ainsi de plus en plus pressant, l'ordre d'embarquement fut renouvelé. Il semble que Garibaldi apporta quelque indécision dans sa marche ; toujours est-il qu'il laissa aux troupes françaises le temps d'arriver : le 30 octobre, leur avant-garde entrait dans Rome.

En apprenant cette nouvelle, Victor-Emmanuel résolut d'occuper quelques points des frontières pontificales. Dans cette extrémité, le général Kanzler prescrivit aux troupes pontificales de tâcher de reprendre les anciens châteaux forts de Monte-Rotondo et de Mentana, occupés par les bandes garibaldiennes. Les zouaves se battirent admirablement, ils refoulèrent l'ennemi ; mais, craignant que le succès ne fût pas décisif, ils firent appel aux toupes françaises, qui s'empressèrent d'entrer en ligne et de chasser les garibaldiens des positions qu'ils occupaient. Aussitôt les corps italiens, craignant un conflit, abandonnèrent les points où ils s'étaient cantonnés.

Tout ceci constituait un succès pour l'ancienne politique ; un second succès fut la retraite de M. de Lavalette, très inféodé à la politique nouvelle. Mais, comme si l'empereur répugnait à toute attitude nette, le *Moniteur* du 12 novembre annonça le prochain rappel du corps expéditionnaire. Aussitôt une interpellation surgit au Corps législatif. M. Thiers intervint. M. Routier, entraîné, poussé par l'assemblée, fut amené le 5 décembre 1867, à s'écrier : " Jamais l'Italie ne s'emparera de Rome. Jamais la France ne supportera une telle violence faite à son honneur, faite à la catholicité. " Le lendemain, M. Thiers, abordant Mgr Dupanloup, lui dit avec feu : " Le pape est sauvé ! " C'était beaucoup dire ; car si, sous le régime de demi-liberté qui venait d'être inauguré, le Corps législatif pouvait avoir sa politique, l'empereur avait la sienne ; il le fit sentir à M. Rouher : " En politique, observa-t-il, il ne faut point dire jamais. " Aussi à Florence s'attacha-t-il à atténuer les paroles de son ministre, tandis qu'à Rome il laissait quelques bataillons.

Je viens de faire allusion au régime de demi-liberté sous lequel vivait le Corps législatif. En effet, dès le 19 janvier 1867, l'empereur, comme s'il avait compris que ses fautes rendaient nécessaire le partage des responsabilités, avait, par un message adressé aux Chambres, rétabli le droit d'interpellation, concédé la faculté pour les ministres d'être personnellement entendus moyennant une délégation spéciale et promis deux lois sur la presse et la liberté de réunion. Cette évolution paraissait devoir amener l'avènement au pouvoir d'hommes nouveaux et, dès ce moment, on parla d'un ministère Ollivier destiné à servir de pont entre l'empire autoritaire et l'empire libéral ; mais des résistances se produisirent ; elles se groupèrent autour de M. Rouher, et celui-ci, désireux d'enlever à M. Ollivier le bénéfice de la situation que les événements tendaient à lui attribuer, saisit la première occasion de faire un vif éloge des concessions du souverain. Celui-ci, très ballotté, hésita et finit par conserver sa confiance à celui qu'on appelait le vice-empereur.

Mais la faveur dont continuait à jouir M. Rouher ne dégageait pas Napoléon III de ses promesses. Il avait annoncé une loi sur la presse ; il tint parole ; le projet affranchissait notamment la création d'un journal de l'autorisation ministérielle. De grands efforts furent faits pour que ce projet restât sans suite ; mais l'empereur n'y consentit pas, et c'est ainsi que succomba en matière de publicité le régime discrétionnaire. Au moins espérait-on que la loi sur le droit de réunion serait ajournée ; aux Tuileries, tout le monde en était l'adversaire ; mais Napoléon répondit : " L'état de l'opinion et des mœurs oblige à tenter l'expérience. Si l'essai ne réussit pas, on rapportera purement et simplement la loi. " Celle-ci fut votée dans le texte proposé ; ce texte contenait beaucoup de restrictions, notamment un de ses articles donnait aux préfets le droit d'ajourner et au gouvernement celui d'interdire toute réunion qui serait jugée dangereuse pour l'ordre public ; il n'en est pas moins vrai que, par ces deux lois, l'empereur se désarmait au moment où il était très affaibli par sa politique extérieure.

Dans l'intervalle, tout avait été mis en œuvre par le pouvoir pour améliorer la législation militaire, car les brillants étalages de l'Exposition n'avaient pas écarté de lui l'obsédante pensée que la sécurité nationale se trouvait compromise.

Le système militaire en vigueur était basé sur la conscription et le remplacement : cette dernière pratique ne soulevait que peu d'objections ; elle se défendait au point de vue de l'armée par une expérience déjà longue et elle était favorable aux professions civiles. Mais la campagne de Bohême et la victoire de Sadowa avaient entouré l'armée allemande d'une auréole irrésistible, et le gouvernement français, subissant l'ascendant qui en découlait, s'imagina qu'il devait se procurer plus de soldats, en appliquant à leur recrutement les principes prussiens. Aussi, en ouvrant les Chambres le 14 février 1867, Napoléon III prononça-t-il cette phrase : " L'influence d'une nation dépend du nombre d'hommes qu'elle peut mettre sous les armes, " et le maréchal Niel fut chargé de préparer un projet s'inspirant dans ses grandes lignes de la législation prussienne. On se demanda quelle était la raison d'être de ce projet ; on trouva que l'empire avait déjà conduit la France dans de redoutables aventures, et l'on se prit à redouter de l'aider à en courir de nouvelles. Bref, le maréchal dut faire des concessions : " Les moyens mis à ma disposition, dit-il, ne sont pas tout à fait suffisants, mais nous ferons de notre mieux." Tout compte fait, la réforme établissait le service de neuf années, dont les quatre dernières devaient être passées dans la réserve ; elle instituait aussi la garde mobile, imitée de la Prusse, mais menacée de rester sans organisation.

On ne s'est pas fait faute plus tard d'attribuer les revers de la France à la parcimonie du Corps législatif. En réalité, la défiance dont le souverain était devenu l'objet avait été la véritable cause des votes de celui-ci : il avait abusé de son autorité ; par suite, cette autorité était ébranlée, tant à l'intérieur qu'à l'extérieur ; on craignait de la raffermir.

IV.

Les deux dernières années de l'empire furent marquées non seulement par son déclin, mais par la décomposition croissante de la société. Il y avait comme une vaste conspiration ne respectant rien, s'attaquant à tout et s'efforçant de ruiner dans les âmes tout attachement religieux ou politique. Un matérialisme éhonté s'étalait de toutes parts ; on avait fondé une vaste Association de libres penseurs recommandant les enterrements civils et faisant de chacun d'eux une occasion de provocation aux croyances ; les morts sans prêtres étaient louées et exaltées ; une souscription avait été organisée pour élever à Paris une statue à Voltaire ; on préconisait l'affranchissement de la femme des influences religieuses ; on vantait la morale indépendante ; on constituait la Ligue de l'enseignement dont le but était de chasser Dieu des établissements d'instruction ; à l'École de médecine, les manifestations matérialistes se multipliaient.

A vrai dire, ces fruits vénéneux étaient les produits naturels de la fièvre d'affaires et de plaisirs à laquelle l'empire avait donné un si vif essor. En vain Mgr Dupanloup avait-il publié une brochure sur l'*Athéisme et le péril social,* où il dénonçait de haut les tendances de l'esprit nouveau. En vain, après lui, Mgr Darboy, dont la modération était cependant estimée excessive par plusieurs, s'était-il élevé contre les débordements de l'impiété. Tel était l'état d'âme du moment, que, quand le Sénat fut saisi d'une pétition demandant l'intervention des pouvoirs publics pour améliorer l'enseignement de l'École de médecine, le renvoi de cette pétition au gouvernement fut rejeté par 80 voix contre 43 ; on entendit même à cette occasion Sainte-Beuve, affirmant les droits de la libre pensée, dire que " le diocèse s'en étendait à toute la France " et s'écrier : " Le sens commun, c'est la tendance à réduire au minimum la croyance au surnaturel. " Bientôt après, Jules Favre, ayant dans son discours de réception à l'Académie parlé de Dieu avec respect et ajouté : " La religion et la philosophie ont leur source en Dieu ; elles s'unissent en remontant à lui par la même route, celle de la science et de la liberté, " il y eut dans la presse avancée une clameur de réprobation.

Ces mouvements aussi divers que dangereux se réclamaient tous de la démocratie et, formulant un programme politique à côté de leurs thèses antireligieuses, ils préconisaient avec Gambetta, Jules Ferry et Ch. Laurier la république, le mandat impératif, les droits supérieurs du peuple, la suppression du budget des cultes, la séparation de l'Église et de l'État, le tout accompagné de la phraséologie révolutionnaire ; ils réhabilitaient avec MM. Brisson et Floquet les conventionnels, qu'ils se donnaient pour tâche d'imiter ; ils se tournaient vers Blanqui et Félix Pyat, auxquels ils demandaient des mots d'ordre ; ils s'efforçaient d'organiser la classe ouvrière, dans laquelle ils espéraient trouver un instrument docile de leurs desseins. Ils avaient pour clairon Henri de Rochefort-Luçay, dont le journal, *La Lanterne*, " éclatait chaque samedi comme un pétard " et provoquait un véritable engouement. Rochefort s'en prenait surtout à l'empereur, dont il a dit depuis : " Cette pauvre personne du souverain, je la tordais comme un paquet de vieux linge. " Le public riait, la société impériale elle-même s'amusait du pamphlet, comme la société royaliste du XVIIIe siècle colportait les idées qui devaient la ruiner. Au bout de trois mois, Rochefort fut pousuivi et condamné ; il se réfugia à Bruxelles ; mais, en attendant, il avait porté des coups redoutables au prestige de la dynastie.

Le branle étant donné, on fit de plus en plus usage des libertés récemment concédées. Un livre parut, *Paris en décembre* 1851, d'un rédacteur du *Siècle*, livre qui n'était qu'un violent réquisitoire contre l'empire. Puis, on organisa une souscription pour élever un monument à la mémoire de Baudin, mort le 3 décembre 1851 sur les barricades. Le gouvernement poursuivit les promoteurs de la souscription, et notamment Delescluze. C'est un problème bien angoissant que celui de savoir ce que doit faire le pouvoir en pareil cas : laisser passer ou réprimer ? Les deux solutions ont leurs dangers et il est rare que les artisans de révolutions ne réussissent pas à exploiter celle qui a prévalu. Toujours est-il qu'il y eut un procès retentissant. Gambetta, qui saisit cette occasion de conquérir la renommée, défendit Delescluze ; il le fit avec éclat et sans mesure ; il s'en prit à l'empire lui-même et à ses origines : " Peut-il exister un moment, s'écria-t-il, où la raison d'État autorise, sous prétexte de salut public, à violer la loi, à renverser la constitution, à traiter en criminels ceux qui défendent le droit au péril de leur vie ? " Puis, s'adressant aux fauteurs du coup d'État : " Ces hommes, dit-il, prétendent avoir sauvé la société ; peut-on dire qu'on a sauvé la société, uniquement parce qu'on a porté la main sur le pays ? " Enfin, terminant par une péroraison enflammée, il signala que le pouvoir n'avait pas osé célébrer le 2 décembre comme un anniversaire national et ajouta : " Cet anniversaire du 2 décembre, nous le revendiquons pour nous ; nous le fêterons toujours ; chaque année, ce sera l'anniversaire de nos morts jusqu'au jour où le pays, redevenu le maître, vous imposera la grande expiation nationale au sein de la liberté, de l'égalité, de la fraternité. "

Jamais, au temps de sa prospérité, l'empire n'eût laissé ainsi discuter ses origines ; par cela seul qu'il le permettait, il avouait son affaiblissement. Les réunions publiques se multiplièrent ; elles présentèrent un caractère de plus en plus accentué de violence, d'hostilité à la religion et d'amour du désordre ; elles développèrent les programmes les plus échevelés, empruntés aux formulaires de 1793 et de 1848, et, comme il arrive toujours en pareil cas, la morale fut taillée en pièces. D'autre part, l'Association internationale des travailleurs fondée après le Congrès de Londres de 1867 recruta de plus en plus d'adhérents ; elle en comptait en France plus de 200.000 ; à l'origine, elle n'avait pas semblé avoir un but politique ; mais, petit à petit, elle glissa sur la pente du collectivisme et de la révolution, et, en clôturant le Congrès de Bruxelles en septembre 1868, le président s'écria : " Nous ne voulons plus de gouvernement, car les gouvernements nous écrasent d'impôts ; nous ne voulons plus d'armée, parce que les armées nous massacrent ; nous ne voulons plus de religion, car la religion étouffe les intelligences. "

L'empire se défendait mal. Le souverain paraissait usé ; ayant échoué partout, il craignait de s'avancer encore. Les conseillers qui l'entouraient n'avaient pas de prise sur l'opinion et, du reste, ils ne s'entendaient pas entre eux. L'influence de l'impératrice grandissait ; elle avait des qualités variées, mais manquait de calme, de sang-froid et d'esprit de suite ; elle était avant tout préoccupée de sauvegarder le trône de son fils. Le travail de désagrégation qui se poursuivait dans tous les domaines frappait chacun et l'on ne savait comment l'arrêter ou l'entraver. Plusieurs personnalités importantes du régime, M. Walewski, M. Troplong, le marquis de Moustier, venaient de disparaître ; on sentait le besoin de former un personnel nouveau ; mais les recrues ne se présentaient guère. Vers ce temps, l'empire prit à sa solde un jeune journaliste, Clément Duvernois, qui paraissait vouloir allier un régime autoritaire avec de larges réformes économiques ; puis, il comptait, suivant les circonstances, sur M. Emile Ollivier ; mais ces quelques personnalités isolées ne suffisaient pas, et, si les radicaux et les socialistes croissaient en nombre et en audace, les conservateurs catholiques, tenus à l'écart depuis les affaires d'Italie, fondaient un journal nouveau, *Le Français*, sur lequel le gouvernement ne pouvait pas compter, et constituaient en vue des élections prochaines l'Union libérale.

Les choses en étaient là, quand, au mois de mai 1869, eurent lieu les élections générales. Les candidats du pouvoir étaient combattus par ceux de deux oppositions: l'opposition irréconciliable et l'opposition constitutionnelle ; celle-ci, groupée dans l'Union libérale, se prononçait contre le gouvernement personnel et pour un allégement des charges militaires ; elle avait mis en ligne des noms marquants, des légitimistes, des orléanistes et des républicains modérés, et, escomptant les mouvements de l'opinion, elle espérait obtenir un certain nombre de sièges. Mais ces mouvements n'atteignaient pas les masses rurales, et, d'ailleurs le suffrage universel n'aime guère les esprits d'élite ; il affectionne les médiocrités et parfois même les nullités ; il ne se préoccupe pas de réaliser par ses votes des progrès sérieux. Aussi les élections furent-elles meilleures pour le gouvernement qu'on ne s'y attendait. La majorité était peu diminuée. L'opposition modérée conservait M. Thiers et se fortifiait de quelques noms, tels que MM. Keller et Daru ; l'opposition républicaine se prévalait de quelques recrues importantes, telles que MM. Bancel et Gambetta ; certains de ses candidats, tout en échouant, avaient réuni un nombre considérable de voix. Des troubles suivirent çà et là le scrutin ; il y eut les cris séditieux et des actes de mauvais gré : c'était la première fois depuis dix-huit ans qu'un tel phénomène se produisait ; il venait s'ajouter aux autres symptômes inquiétants.

Si les résultats matériels des élections étaient plutôt favorables à l'empire, il était néanmoins à prévoir qu'un esprit nouveau allait, sous l'influence des circonstances, animer une portion considérable du Corps législatif. Aussi une session extraordinaire ayant été fixée au 28 juin, une demande d'interpellation, signée par 116 membres, fut aussitôt déposée, ayant pour but d'obtenir du gouvernement qu'il hâtât la réalisation des réformes désirées. L'empereur ne se crut pas assez fort pour résister, et, dans un message du 12 juillet au Corps législatif, il donna en grande partie satisfaction aux réclamations qui s'étaient fait jour. Tout en réservant à son profit " les prérogatives que le peuple lui avait expressément conférées et qui étaient essentielles pour la sauvegarde de l'ordre et de la société ", il développa les attributions de la Chambre, supprima le ministère d'État et rendit compatibles les fonctions de députés et celles de ministre. C'était un pas signalé vers le rétablissement du régime parlementaire, c'était aussi la fin du règne de M. Rouher, qui fut peu de temps après relégué à la présidence du Sénat.

Le message du 12 juillet appelait un sénatus-consulte qui consacrât les réformes. L'empereur ne rusa pas avec l'opinion ; le sénatus-consulte allait plus loin même que le message ; il assimilait presque entièrement le Corps législatif à l'ancienne Chambre des députés et le Sénat à la Chambre des pairs de la Restauration et de la Monarchie de juillet ; seulement, il stipulait que les ministres ne dépendraient que du souverain. On ne s'aventure pas en disant que les sénateurs étaient plutôt résignés que favorables à ces innovations ; et cependant le prince Napoléon les combattit comme insuffisantes : " Je voudrais, s'écria-t-il, que l'empire autoritaire brûlât ses vaisseaux sans esprit de retour ; " puis, caractérisant le sénatus-consulte à son point de vue, il ajouta : " Tout ce qui s'y trouve est bon ; mais tout ce qui est bon ne s'y trouve pas. " Ainsi, au sein même de la famille impériale, les désaccords se manifestaient publiquement : signe irrécusable du désarroi général !

Le sénatus-consulte fut voté le 6 septembre. Dans l'intervalle entre la date du message et celle de ce vote, un ministère nouveau avait été constitué. MM. de Lavalette et Duruy avaient été sacrifiés et la plupart des portefeuilles confiés à des noms peu saillants. Il y avait dans cette composition du cabinet un effort de la part de l'empereur pour conserver dans les conseils du gouvernement une action prépondérante ; d'ailleurs, autour de lui, beaucoup de divergences de vues se révélaient ; on craignait pour l'empire ; on regrettait le pouvoir personnel et M. Rouher ; on dénonçait l'exaltation des esprits et les menaces de révolution qui se multipliaient. Ces appréhensions trouvèrent un aliment de plus dans les élections complémentaires qui eurent lieu à Paris les 21 et 22 novembre ; parmi les élus figura Rochefort. De même que l'élection de Manuel avait été envisagée sous la Restauration comme un défi à la royauté, de même l'élection du pamphlétaire de *La Lanterne* pouvait être regardée comme un outrage personnel à l'empereur. Le public ne s'y trompa pas ; la sensation fut énorme.

Que faire ? Fallait-il avancer ou reculer ? Reculer n'eût été possible qu'après de grands succès ; à la suite des revers sans nombre de la politique impériale, c'eût été s'engager dans une voie périlleuse. L'empereur le sentait ; il songea à M. Emile Ollivier : il le vit et lui proposa d'entrer dans le ministère en fonctions. M. Ollivier se montra disposé à accepter un portefeuille, mais à la condition de diriger le cabinet. Sur ce point, l'accord ne se fit pas immédiatement. Le 29 novembre, la session ordinaire s'ouvrit, sans que la composition du gouvernement eût été modifiée. L'empereur, dans le discours d'ouverture, fixa nettement la portée des changements intervenus : " La France, dit-il, veut la liberté, mais avec l'ordre. L'ordre, j'en réponds. Aidez-moi, Messieurs, à fonder la liberté. "

Mais, pour fonder la liberté, les vues étaient diverses. Les impérialistes cherchèrent à diriger le mouvement et à retenir l'empereur sur une pente qu'ils jugeaient funeste ; le centre droit et le centre gauche visaient, avec des nuances, à rétablir complètement le régime parlementaire ; dans leurs rangs figuraient MM. Buffet, Daru, d'Andelarre et Plichon ; ils n'étaient pas opposés à une alliance avec M. Ollivier, mais ne désiraient pas se solidariser avec lui ; en face de ces divers groupes siégeait l'opposition antidynastique, prête à saisir la première occasion de pousser les choses à l'extrême.

Les ministres n'avaient pas suffisamment de poids pour tenir le gouvernail dans cette situation troublée ; ils donnèrent leur démission. L'empereur, achevant son évolution, se tourna vers M. Ollivier et lui offrit la direction des affaires. M. Ollivier accepta ; mais sa tâche n'était pas aisée ; il eût voulu s'appuyer presque exclusivement sur le centre droit, mais il fut obligé de compter aussi avec le centre gauche et de comprendre dans la combinaison MM. Buffet et Daru. Le 2 janvier, les décrets parurent au *Moniteur*. M. Ollivier devenait président du conseil, M. Daru ministre des affaires étrangères et M. Buffet ministre des finances : c'était un ministère parlementaire.

CHAPITRE VIII.

Le ministère du 2 janvier 1870. — Le concile. — Le plébiscite. — La candidature Hohenzollern. — La guerre entre l'Allemagne et la France.

I.

Le ministère du 2 janvier s'était constitué sous les auspices les plus favorables. De toutes parts, on le salua comme le gage de grandes espérances ; il apparaissait comme représentant à la fois la vigueur du pouvoir et l'émancipation du pays ; il assurait à l'empire le bénéfice d'une sorte de seconde naissance.

Ces pronostics ne lui venaient pas seulement de l'évolution qu'il consacrait ; ils découlaient de la personnalité des ministres. Ceux-ci, par leur caractère, leur haute intégrité et leurs relations, inspiraient confiance. On reconnaissait que M. Émile Ollivier, leur chef, n'était pas sans défauts ; mais il projetait sur ses collègues une sorte de lustre ; il semblait fait pour incarner une époque de transition ; on était impatient de le voir à l'œuvre ; seuls, quelques députés de la droite se montraient un peu effrayés.

Les premières explications au sujet de la constitution du cabinet furent données au Sénat par M. Daru ; elles furent bien accueillies. M. Daru déclara que ses collègues et lui étaient bien décidés à exécuter leurs promesses : " Nous sommes, dit-il, d'honnêtes gens. " Aussi les mesures administratives qui suivirent cette déclaration décélèrent-elles un esprit nouveau. Mais il est rare que la fortune fasse à un gouvernement un long crédit. Un incident fâcheux vint tout de suite troubler la quiétude et la satisfaction générales. Le prince Pierre Bonaparte, nature excessive et violente, ayant, dans des lettres retentissantes, attaqué des journalistes d'extrême gauche, en reçut des témoins : l'un d'eux portait le pseudonyme de Victor Noir ; il eut, au cours de l'entretien, une altercation avec le prince, qui déchargea sur lui son arme et le tua. Un appel à la révolte parut dans *La Marseillaise* sous la plume de Rochefort ; on chercha tout au moins à organiser le jour des funérailles une grande manifestation : elle eut lieu ; mais elle ne dégénéra pas en insurrection. L'impression que produisit l'incident fut mauvaise, mais passagère. L'élan de confiance qu'avait suscité le ministère ne fut pas brisé ; les adhésions lui venaient de toutes parts, et jusque des anciens parlementaires ; la jeunesse elle-même était ébranlée. Ce n'est pas que les éléments extrêmes désarmassent ; mais la sympathie dominait ; elle était alimentée par des initiaves nombreuses prises contre l'arbitraire, par l'abolition de la loi de sûreté générale, par la formation de grandes commissions destinées à proposer une sérieuse décentralisation et des réformes dans l'enseignement supérieur.

Pendant que ces faits se déroulaient, le Concile convoqué par Pie IX préoccupait de plus en plus les esprits. L'initiative papale avait été acclamée par tous les croyants et, du reste, chaque fois que ces grandes assises s'étaient tenues, elles avaient exercé sur la chrétienté une influence salutaire. Mais, on le sait aussi, à ce moment s'agitaient entre les catholiques beaucoup de questions qui les divisaient, et l'on se demandait, non sans quelque anxiété de la part de quelques-uns, dans quel sens elles seraient tranchées. Puis, quelle serait la part des gouvernements dans le Concile ? Précédemment, les chefs d'État avaient été représentés ; cette fois, Pie IX ne les convoqua pas ; il reconnaissait ainsi que les liens entre l'Église et les puissances temporelles s'étaient relâchés. Fallait-il réclamer ?

Dès 1868, Émile Ollivier avait dit au Corps législatif : " On vous a laissés hors du Concile ; restez-y ; ne prenez pas de responsabilité ; ne frappez pas à une porte qu'on ne vous ouvre pas. " Le gouvernement de l'empereur s'était rangé à cet avis, mais s'était réservé " d'admettre en totalité ou en partie " les décisions à intervenir. Parmi les questions brûlantes figurait l'acceptation par les catholiques des principes qui régissent la société moderne. Deux écoles s'étaient formées à cet égard parmi les catholiques français comme partout ; toutes deux étaient profondément attachées à la foi ; mais l'une d'elles trouvait mauvaise l'organisation politique qui avait prévalu depuis un siècle ; l'autre était pleine d'indulgence pour les nécessités du temps. Quelle serait, vis-à-vis de ce problème, l'attitude du Concile ? Tout cela se débattait un peu prématurément et sans tenir compte de la sagesse traditionnelle, éclairée par l'Esprit-Saint, de ces grandes assemblées.

Les choses en étaient là, quand surgit le point de savoir s'il convenait, par un décret formel, de proclamer l'infaillibilité pontificale. Cette infaillibilité, appuyée sur l'Écriture, avait pour elle, à part les divergences nées de la crise du gallicanisme, l'assentiment constant de l'Église ; mais la première des deux écoles qui se partageaient à ce moment les catholiques paraissait, en sollicitant ardemment la consécration de cette doctrine par le Concile, n'avoir en vue que le triomphe de son programme, auquel elle croyait Pie IX favorable ; de là les appréhensions de la seconde, qui, sans combattre l'infaillibilité, émit l'avis que la définition en était inopportune. Placée sur ce terrain, la bataille ne tarda pas à devenir ardente : d'un côté se rangeait *L'Univers* et au-dessus de lui des évêques de grand renom, Mgr Pie, Mgr Dechamps, Mgr Manning ; de l'autre se pressaient les catholiques parlementaires, M. de Montalembert, Mgr Dupanloup, beaucoup de prélats allemands. La plume acérée et convaincue de Louis Veuillot ne laissait pas chômer le débat : elle provoquait dans les presbytères et les foules croyantes de vives adhésions. En général, les opposants ne contestaient pas le principe de l'infaillibilité papale ; quelques-uns cependant faisaient exception ; ils étaient soutenus par deux théologiens de marque, en France par Mgr Marct, en Allemagne par Doellinger qui s'était illustré par d'admirables travaux apologétiques, mais que l'orgueil scientifique avait gâté. Au plus fort de cette mêlée, une défection lamentable se produisit, celle du P. Hyacinthe, le prédicateur de Notre-Dame ; les exubérances de son éloquence avaient maintes fois paru suspectes ; mais il les rachetait par des protestations d'attachement à l'Église, dont la sincérité n'était pas mise en doute ; un article de la *Civilta Catholica* du 6 février 1869 excita en lui, dit-on, un grand ébranlement ; six mois après, il quitta son couvent, se revêtit d'habits laïques, puis s'enfonça dans le schisme et bientôt dans l'hérésie. L'émoi fut général ; mais, comme toutes les choses humaines, il ne dura pas. Les polémiques reprirent autour de l'infaillibilité, et elles avaient atteint leur maximum d'intensité, lorsque s'ouvrit le Concile le 8 décembre 1869.

A distance, on a peine à comprendre comment les passions humaines aient pu chercher à s'emparer d'un domaine que devaient vivifier les seules lumières divines. Mais les hommes, engagés dans les luttes du temps, se laissent aisément égarer par les préoccupations du moment, et de là vint que, même au sein du Concile, l'écho de ces luttes se fit entendre. A peine était-il réuni, qu'un postulatum signé par 419 évêques fut déposé ; il portait : " L'autorité du pontife romain est souveraine et par suite infaillible, lorsque, usant du pouvoir apostolique, il prononce sur les choses de la foi et des mœurs et enseigne ce qui doit être cru et tenu, ce qui doit être rejeté et condamné. " Un contre-postulatum ne réunit que 130 adhésions ; mais celles-ci empruntaient leur importance à la valeur des signatures. Entre ces deux groupes, il y en avait un troisième, qui, sans se prononcer, cherchait à gagner du temps. Au fond, beaucoup craignaient que d'autres questions ne vinssent se greffer sur celle-là et que la séparation de l'Église et de l'État ne fût la conséquence des décisions que prendait le Concile.

C'est en face de cette situation que se trouva M. Daru, lorsqu'il prit en mains la direction des affaires étrangères. Tout d'abord, son intention était de garder la neutralité. Mais, à la lecture des postulata, un revirement se dessina dans ses projets. Il envoya au Saint-Siège des observations qui ressemblaient à des remontrances : " Proclamer l'infaillibilité personnelle et séparée du Pape, disait-il, c'est changer la condition des évêques ; or, cette condition est réglée par le concordat ; " ce point posé, il signalait l'effervescence qui menaçait de se produire partout, et, fixant sa pensée, — car il était un catholique très dévoué, — il ajoutait : " Nous agissons dans l'intérêt de l'Église, de la France et de la liberté. " A cet instant, la *Gazette d'Augsbourg* publia les canons d'un schéma sur la constitution de l'Église, qui avait été communiqué aux pères du Concile ; ce schéma reproduisait d'anciennes maximes que l'Église a toujours proclamées comme vérités, mais dont, dans beaucoup de pays, l'application a été suspendue ou mitigée. Le cabinet français en délibéra aussitôt. M. Émile Ollivier se prononça pour l'abstention ; mais M. Daru se montra, comme catholique, fort troublé ; finalement, le 20 février, le ministère se mit d'accord sur la rédaction d'une dépêche dénonçant dans le schéma " la consécration de l'autorité suprême de l'Église sur la société civile, la subordination de tous les pouvoirs politiques à la papauté proclamée infaillible ", et concluant à ce que le gouvernement français reçût communication des projets touchant aux matières mixtes. Cette dépêche fut suivie d'une seconde dans laquelle le cabinet se défendait de vouloir peser sur le Concile, mais demandait qu'il fût appelé comme témoin et qu'il pût s'y faire entendre sur les sujets touchant à l'ordre civil et politique. Ces dépêches reflétaient bien plus les idées de M. Daru que celles de ses collègues ; M. Ollivier persistait à recommander l'abstention ; l'empereur inclinait dans le même sens ; M. Guizot lui ayant dit au cours d'une audience : " Sire, il y a des difficultés qui n'existent que parce qu'on les accepte ; n'acceptez pas celle-là, " il répondit : " Vous avez raison. " Sur ces entrefaites arriva la réponse du cardinal Antonelli : rédigée avec une grande habileté, elle faisait remarquer d'abord que le jugement de l'Église, en portant directement sur la moralité de tous les actes, s'étendait indirectement à ces actes eux-mêmes ; mais elle ajoutait que " les affaires politiques, d'après l'ordre établi par Dieu et d'après l'enseignement de l'Église elle-même, étaient du ressort de l'autorité temporelle sans dépendance d'aucune autre autorité " ; puis, elle contestait formellement que la doctrine de l'infaillibilité pontificale pût être une cause d'affaiblissement pour l'autorité épiscopale ; elle évitait d'ailleurs de se prononcer sur le point de savoir si un représentant de la France serait admis au Concile.

Cette réponse provoqua une nouvelle délibération du conseil des ministres. Celui-ci résolut de n'insister ni sur l'envoi d'un délégué extraordinaire ni sur la communication des documents, mais il s'arrêta à l'idée d'adresser au St-Siège un memorandum demandant d'écarter du schéma *de Ecclesia* " tout ce qui, dans le texte publié et non désavoué, aurait les plus graves conséquences sur l'ordre légal et sur l'ordre social dans tous les États de l'Europe ", tout ce qui aurait pour objet " de subordonner dans le monde entier la société civile à l'empire du clergé ". Le memorandum reçut l'adhésion de l'Autriche, de la Prusse, de la Bavière, de l'Espagne et du Portugal. Pie IX, en le recevant, déclara qu'il tiendrait toujours grand compte des observations de l'empereur, mais qu'il ne croyait pas pouvoir communiquer le document au Concile. La retraite de M. Daru, dont il sera parlé plus loin, mit fin à cette négociation ; M. Émile Ollivier, ayant pris l'interim des affaires étrangères, enjoignit à l'ambassadeur de France de ne provoquer et de n'accepter désormais aucune conversation sur les affaires du Concile, " le Saint-Père, observait-il, n'ayant pas cru devoir écouter nos conseils et accueillir nos observations ".

Pendant ce temps, les évêques de la minorité, fidèles à leur plan d'inopportunisme, demandèrent la prorogation du Concile et des délais. Mais il parut dangereux de prolonger l'excitation des esprits, qui, pour être factice, n'en avait pas moins engendré une situation troublée. Le 9 mai, un nouveau schéma sur l'Église fut distribué : l'infaillibilité du Pape s'y trouvait consignée en termes non équivoques pour le cas où,

" exerçant sa mission de docteur suprême de tous les chrétiens, il définissait par son autorité apostolique ce qui devait être tenu pour article de foi dans l'Église universelle, dans les choses de foi ou de mœurs " ; par contre, les propositions relatives aux rapports de l'Église et de l'État n'y figuraient plus.

Le débat s'ouvrit le 10 mai et dura deux mois ; le 13 juillet, le schéma fut approuvé par 451 suffrages ; il y eut, en outre, 88 votes négatifs et 62 conditionnels. Ce scrutin fut suivi d'une séance publique, présidée par le Saint-Père ; là l'infaillibilité pontificale recueillit 535 suffrages contre 2. Ce vote ne faisait que confirmer l'enseignement traditionnel et la croyance presque universelle de l'Église. La soumission fut à peu près générale ; la défection de Doellinger contrista les catholiques sans les ébranler ; aucun évêque ne se révolta. Telle eut été certainement aussi l'attitude de Montalembert ; mais, le 13 mai, la Providence avait mis fin à ses souffrances : il avait bravé les fils de Voltaire, organisé le parti catholique, conquis la liberté d'enseignement, agrandi les libertés religieuses ; de tels services ont fait de lui le champion le plus fidèle et le plus méritant que l'Église ait eu au xixe siècle : c'était une perte irréparable.

II.

A côté des préoccupations religieuses, les préoccupations politiques ne faisaient pas relâche. On demandait aux ministres du nouveau ; on ne tarda pas à leur reprocher quelque peu de s'épancher en paroles et d'oublier le reste ; ainsi vont l'impatience et l'irresponsabilité humaines. On imagina alors de les interpeller sur les candidatures officielles : y en aurait-il encore ? M. Ollivier, allant plus loin que le ministre de l'intérieur, déclara que le gouvernement garderait la neutralité ; là-dessus, les bonapartistes de la veille lui adressèrent de vifs reproches ; on le qualifia d'orléaniste. Puis, quelles seraient les réformes qu'il convenait d'adopter ? L'empereur se décida à prendre position ; le 21 mars, dans une lettre au garde des sceaux, il manifesta la volonté " d'adopter toutes les réformes que réclamait le gouvernement constitutionnel ", et par suite, sans modifier le recrutement du Sénat, de partager entre les deux Chambres le pouvoir législatif et de restituer à la nation la part de pouvoir constituant qu'elle lui avait délégué. Il invitait, en conséquence, les ministres à lui soumettre un projet de sénatus-consulte s'inspirant de ces innovations.

Un sénatus-consulte fut préparé. Il enlevait à la Chambre le pouvoir législatif exclusif dont elle disposait pour le partager entre elle et le Sénat ; quant au pouvoir constituant, il l'attribuait aux deux Chambres, lorsque les dispositions nouvelles auraient un caractère législatif, et au pays lui-même qui aurait à se prononcer par des plébiscites, lorsque les réformes toucheraient aux bases de l'ordre établi.

A peine eut-on connaissance de ce document, qu'au Sénat surgit l'idée de soumettre ces réformes à un plébiscite : expédient périlleux à coup sûr, car un gouvernement ou une dynastie ne doivent pas se mettre eux-mêmes en question ; en le faisant, on ne couronne pas le régime parlementaire, on le détruit.

Assurément, dans la pensée de ses promoteurs, le plébiscite ne devait pas porter sur la légitimité du pouvoir impérial. Mais il ne fallait pas une grande clairvoyance pour pressentir que les partis d'opposition tâcheraient de faire dériver le vote sur ce point. Aussi, le 4 avril, au cours d'une interpellation, M. Gambetta s'écria : " Le plébiscite, c'est le pouvoir mis aux voix. Mais alors que devient le principe héréditaire, le principe dynastique ?... Proclamer la doctrine plébiscitaire, c'est rédiger l'acte de décès de l'idée monarchique " ; puis, se grisant de plus en plus de sa propre parole, il déclara " qu'une seule forme de gouvernement était adéquate au suffrage universel, la forme républicaine ". Le cabinet eût fait chose sage, en refusant de se rallier à l'idée suggérée par le Sénat ; mais l'empereur, toujours alléché par les théories vagues et populaires, s'y montra favorable. M. Ollivier céda ; MM. Daru et Buffet ne voulurent pas s'associer à cette initiative dangereuse ; ils se retirèrent, et le plébiscite fut fixé au 8 mai.

La formule adoptée fut celle-ci : " Le peuple approuve les réformes libérales opérées dans la constitution depuis 1860 par l'empereur avec le concours des grands corps de l'Etat et ratifie le sénatus-consulte du 20 avril 1870. "

Quelle allait être l'attitude des divers partis au sujet du vote à émettre ? Les anciens parlementaires se divisèrent ; le centre droit adhéra ; le centre gauche se résigna ; les bonapartistes de la veille applaudirent. Mais tous les éléments de gauche pure entreprirent une campagne d'excitation ; ils visèrent directement l'empereur, à ce point que le gouvernement dut recommander aux procureurs généraux de ne pas laisser chômer les armes répressives. Le scrutin porta ainsi sur l'affermissement de l'empire ou sa destruction. Il était à prévoir que les masses profondes du pays, restées très conservatrices, émettraient des suffrages affirmatifs ; mais quel danger n'y avait-il pas dans un pareil précédent ! Les grandes villes, du reste, témoignèrent leur hostilité ; dans certaines casernes, les votes furent en grand nombre défavorables ; mais, grâce aux départements, le plébiscite fut accepté par 7.358.786 voix contre 1.571.939 suffrages négatifs et 1.894.681 abstentions.

Aux yeux de ceux qui ne s'attachent qu'aux résultats immédiats, c'était un gros succès pour l'empire. Le ministère se crut raffermi et il se compléta par la nomination de MM. le duc de Gramont, Mège et Plichon qui remplacèrent MM. Daru, Buffet et de Talhouët : M. de Gramont quitta ainsi l'ambassade de Vienne pour devenir ministre des affaires étrangères. Le 21 mai, M. Ollivier remit solennellement à l'empereur le procès-verbal du recensement des votes. L'empereur répondit en termes émus et éloquents : " Mon gouvernement, dit-il, ne déviera pas de la ligne libérale qu'il s'est tracée... Nous devons plus que jamais envisager l'avenir sans crainte. "

Il semblait donc qu'une ère nouvelle et heureuse s'ouvrait. Le cabinet mit à l'étude plusieurs réformes importantes ; M. Guizot, au nom de la commission extraparlementaire qu'il avait présidée, déposa un projet sur la liberté de l'enseignement supérieur, et la quiétude qui régnait dans les régions du pouvoir était telle, que M. Ollivier, répondant à Jules Favre le 30 juin, s'écria : " De quelque côté qu'on regarde, on ne voit aucune question irritante engagée et, à aucune époque, le maintien de la paix en Europe n'a été plus assuré. "

III.

C'était oublier l'action de l'imprévu sur les choses humaines. Tout à coup surgit la candidature du prince Léopold de Hohenzollern au trône d'Espagne, et celle-ci emprunta sa gravité à la jalousie qui, depuis 1866, animait la France contre la Prusse.

L'unité italienne avait donné aux ambitions de la Prusse un vif essor. Ces ambitions avaient reçu, à la suite de la guerre austro-prussienne, des satisfactions qui avaient alarmé la France. Elles ne paraissaient cependant pas assouvies ; elles visaient ouvertement à placer toute l'Allemagne sous l'hégémonie de Berlin, et elles se préparaient patiemment et énergiquement à jouer cette grosse partie. Le gouvernement français ne cessait d'être averti par les rapports de son attaché militaire en Prusse, le colonel Stoffel ; ces rapports faisaient ressortir que l'armée prussienne avait pour elle le nombre, l'instruction, un matériel d'artillerie admirable, un état-major qui n'avait pas son égal. Ces communications, d'abord écoutées, parurent finalement exagérées et gênantes. Cependant, elles frappèrent vivement le ministre de la guerre, le maréchal Niel. Il entreprit de réformer toute l'organisation militaire de son pays ; mais il se heurta à trois obstacles : l'armée, le Corps législatif et l'opinion publique. L'armée était attachée aux vieilles pratiques ; elle ne percevait pas la nécessité du travail et elle croyait le soldat français prompt à se débrouiller et, grâce à sa bravoure, invincible. Au sein du Corps législatif, l'esprit de parcimonie prévalait, et quand il s'agit de voter les crédits demandés, on les réduisit et on ne craignit pas d'affaiblir les effectifs. En cela, du reste, on faisait écho au pays ; l'opinion était certes favorable à la grandeur de la France, plus qu'elle ne l'est actuellement ; mais elle s'était laissée gagner par les idées pacifiques, et, avec l'inconséquence des foules, elle voulait la fin sans les moyens. Au milieu de toute cette lutte, le maréchal Niel vint à mourir, au mois d'août 1869. Il fut remplacé par le maréchal Lebœuf ; de nouvelles concessions furent faites au détriment de la réorganisation militaire, et c'est ainsi qu'on arriva à 1870.

Pendant cette période, la France, en vue des périls futurs, avait cherché des alliances. Elle s'était tournée tout à la fois du côté de l'Autriche et de l'Italie ; elle comptait sur l'animosité de M. de Beust contre M. de Bismarck et sur la gratitude de Victor-Emmanuel. Mais, en dépit des illusions qu'entretenait M. de Gramont, l'Autriche n'avait pris aucun engagement formel ; d'autre part, entre la France et l'Italie, il y avait la question de Rome. (1) En Prusse, on avait le

____

(1) Une lettre du roi Victor-Emmanuel à Napoléon III et qui remonte à cette époque a été mise récemment au jour par M. Emile Ollivier. On y

pressentiment d'un conflit futur et on s'y préparait. M. de Bismarck a dit dans ses *Mémoires* : " J'ai toujours considéré qu'une guerre avec la France suivrait fatalement une guerre avec l'Autriche." Aussi, en homme avisé, s'efforçait-il, d'accord avec le roi, MM. de Moltke et de Roon, de perfectionner l'organisation militaire du pays ; il ne négligeait rien d'ailleurs pour s'assurer le bon vouloir de la Russie, apaiser l'Autriche et susciter les défiances de l'Italie contre la France.

Malgré l'irritation latente dont l'opinion française était animée contre la Prusse et les craintes d'une conflagration qui, par moments, surgissaient, la confiance avait repris le dessus au commencement de 1870. On lit dans les papiers de M. Daru relatifs à son passage au pouvoir : " En Prusse, M. de Bismarck paraît vouloir la paix, ce qui l'honore ; " de son côté, M. Ollivier, dans un entretien avec un journaliste, déclara "qu'il n'y avait pas de question allemande ". C'est dominé par ces dispositions qu'il se décida à faire à Berlin, par l'inter-

---

lit : " Je ne puis qu'adhérer *à l'idée* d'une triple alliance entre la France, l'Autriche et l'Italie, dont l'union présentera une puissante barrière à d'injustes prétentions et contribuera ainsi à établir sur des bases plus solides la paix de l'Europe... Je désirerais que le traité qui doit consacrer l'alliance puisse se conclure promptement ; mais, d'un côté, je comprends que, par suite des modifications introduites dans le gouvernement de la France, Votre Majesté soit dans le cas de devoir en retarder la stipulation, tandis que, de mon côté, je ne pourrai prendre un engagement formel à ce sujet, avant que la convention du 15 septembre 1864, relative aux Etats du St-Siège, n'ait de nouveau reçu de part et d'autre sa pleine et entière exécution. " Victor-Emmanuel réclamait donc l'évacuation de Rome comme condition d'une alliance. Cette pierre d'achoppement et peut-être d'autres raisons encore empêchèrent un accord définitif.

médiaire de l'Angleterre, des ouvertures ayant pour objet la réduction des forces militaires ; il avait cependant été prévenu par le colonel Stoffel qu'en Prusse les institutions militaires étaient envisagées comme des institutions nationales, qu'on ne consentirait pas à les affaiblir et que, par suite, la France devait " s'armer jusqu'aux dents ". Aussi les ouvertures furent-elles sous divers prétextes déclinées. Parallèlement, quoiqu'un peu mollement, se poursuivaient les pourparlers avec l'Autriche. Au mois de mars 1870, l'archiduc Albert était venu à Paris ; il paraissait très favorable à une alliance et, d'accord avec lui, on élabora un plan de campagne ; seulement, l'Autriche demandait un délai de six semaines à partir du début des hostilités pour entrer en ligne ; et comme la Prusse pouvait en quinze jours envoyer toutes ses forces sur le Rhin, on estima prudent d'obtenir quelque chose de plus : c'est pour y réussir que l'empereur Napoléon dépêcha vers l'empereur François-Joseph le général Lebrun ; mais rien de plus précis ne fut accordé, et l'on en était là lorsqu'éclata l'incident d'où devait sortir la guerre.

Depuis deux ans, l'Espagne cherchait un roi. Le maréchal Prim, après avoir frappé sans succès à plusieurs portes, avait envoyé à Berlin un de ses agents, Salazar, avec mission de se concilier l'agrément du prince Léopold de Hohenzollern. Le 15 mars, un conseil se tint, auquel prirent part le roi, le prince royal, le prince Antoine et son fils Léopold, MM. de Bismarck, de Roon, de Moltke, de Schleinitz, de Thile et Delbruck : tous, sauf l'intéressé, le prince Léopold, se prononcèrent pour l'acceptation. Alors le prince

Antoine suggéra de s'adresser à son second fils, Fritz ; celui-ci déclina l'offre, à moins que le roi ne lui donnât l'ordre formel d'accepter ; le roi hésita ; on se retourna de nouveau vers le prince Léopold ; celui-ci persista dans son refus et le maréchal Prim fut informé de l'échec de la combinaison.

Comment cette dernière reprit-elle faveur et finit-elle par prévaloir ? A cet égard, les détails précis manquent. Bismarck paraît avoir informé Prim du revirement qui se produisit dans les résolutions du prince Léopold et l'avoir engagé à s'adresser directement à Sigmaringen, comme il convenait pour une affaire de famille. Le 20 avril, Léopold accepta, sous réserve de l'assentiment royal, et il semble que le roi, pressenti, ait approuvé cette décision.

Jusque-là, le secret avait été bien gardé ; il ne le fut pas jusqu'au bout, et c'est à Madrid que l'indiscrétion fut commise. La candidature ne devait être ébruitée que quand les Cortès seraient réunies, de manière à faire vite ; elle le fut avant, et le maréchal Prim l'ayant appris, s'écria : " Labeur perdu, candidature perdue, et Dieu veuille que ce ne soit que cela ! " Il ne se trompait pas ; cependant, il chercha à sauver le projet. L'ambassadeur de France étant venu, le 2 juillet, lui demander si ce projet dont le bruit public s'occupait était sérieux, il l'avoua, ajoutant qu'il allait informer l'empereur de la nécessité qui s'imposait à l'Espagne.

Dès le 3, M. de Gramont fut avisé par son agent à Madrid de cette grave nouvelle. Il avait au plus haut point le sentiment de l'honneur de la France ; mais encore eût-il dû calculer avec sang-froid les conséquences des démarches à tenter. C'est vers Berlin qu'il se tourna, au lieu de s'adresser à Madrid, et il chargea l'ambassadeur de France, M. Benedetti, de faire connaître au gouvernement prussien la mauvaise impression du gouvernement français. Le roi était à Ems, M. de Bismarck à Varzin. M. de Thile, que vit M. Benedetti, lui déclara que le gouvernement prussien était étranger à la candidature du prince de Hohenzollern, puis se renferma dans une réserve absolue.

Au moment où cette information arrivait à Paris, on y apprit que les Cortès étaient convoquées pour le 20 juillet. C'était de ce côté qu'il convenait d'agir, la Prusse se désintéressant officiellement de la candidature. Mais les milieux français étaient déjà fort surexcités, la population parisienne commençait à s'agiter et, pour résister à ce courant, il n'eût fallu rien moins qu'une main ferme et prudente. Malheureusement, les faits qui s'étaient déroulés depuis quatre ans avaient allumé les plus vives défiances et, d'autre part, M. de Gramont ne sut pas dominer les révoltes de son patriotisme. Déjà il avait prévenu l'ambassadeur de Prusse, M. de Werther, que, si la candidature était maintenue, c'était la guerre, et, le 6 juillet, à la séance du Corps législatif, il lut une déclaration disant que le gouvernement français comptait " sur la sagesse du peuple allemand et sur l'amitié du peuple espagnol ", mais ajoutant que, si cette espérance devenait vaine, " forts de votre appui et de celui de la nation, nous saurons remplir notre devoir sans hésitation et sans faiblesse ". M. Thiers arriva, lorsque la déclaration était déjà lue ; on la lui fit connaître : " Mais c'est une folie ! " s'écria-t-il. Sa voix était presque isolée ; le Corps législatif était monté au diapason du ton ministériel. Cependant, M. Ollivier parut un peu surpris de l'intensité des idées belliqueuses : " Le mouvement, dit-il à l'empereur, a dans le premier moment dépassé le but. " N'était-ce pas le gouvernement lui-même qui l'avait provoqué ? Toujours est-il qu'au dehors on ne se fit pas illusion sur la gravité de la situation. A Berlin, on se demanda si la France était plus prête qu'on ne le croyait, et, sans rien précipiter, on s'arrangea de façon à lui laisser mettre tous les torts de son côté ; ailleurs, on intervint pour recommander la conciliation ; M. de Beust lui-même, tout en promettant de se faire l'avocat de la paix, se plaignit de la précipitation du gouvernement français.

M. de Gramont eut alors une inspiration malheureuse, qui aggrava la faute déjà commise. Prenant texte de ce que, d'après les déclarations de M. de Thile, la question Hohenzollern n'existait pas pour le gouvernement prussien et qu'elle ne constituait qu'une affaire de famille, il résolut de s'adresser directement au roi, et il chargea M. Benedetti de lui demander d'imposer au prince Léopold le retrait de son acceptation. L'accomplissement de cette mission, excessive en elle-même, exigeait beaucoup de tact, car il s'agissait de ne pas blesser la dignité du souverain et de ne pas froisser le sentiment allemand.

Le roi, avisé de l'arrivée de l'ambassadeur à Ems, lui envoya M. de Werther à l'effet d'être renseigné sur ses intentions; puis, il le reçut le 9 juillet. Il lui fit une réponse pleine de mesure et de modération. Il lui déclara qu'il avait tout su, mais qu'il n'avait rien approuvé et s'était contenté de ne rien interdire ; que, comme roi, il était incompétent ; que, comme chef de famille, il laisserait le prince libre de retirer son acceptation ; que, par conséquent, s'il plaisait à celui-ci de renoncer à son entreprise, il ne le désapprouverait pas ; il ajouta qu'il avait écrit au prince Antoine, lui avait demandé ses intentions et ne lui avait pas caché l'émotion de la France ; qu'il attendait sa réponse et qu'alors l'entretien pourrait être repris.

Ces déclarations marquaient que le roi conservait la pleine possession de lui-même et qu'il n'entendait par jeter de l'huile sur le feu. On eût dû le comprendre à Paris et surtout attendre la communication définitive promise par le roi. Tel ne fut pas l'avis de M. de Gramont, qui télégraphia le 10 à M. Benedetti qu'il était nécessaire d'obtenir immédiatement une réponse définitive. M. Benedetti, justement alarmé de cette exigence blessante, donna par la même voie le conseil d'attendre. Mais M. de Gramont ne se rendit pas à ce conseil ; si bien que le 11 M. Benedetti dut tenter un nouvel effort auprès du roi, en insistant sur la surexcitation de l'opinion en France. Le roi maintint ses déclarations antérieures, et, sans faire de concessions humiliantes, il ajouta avec bonne grâce qu'il attendait le soir même ou le lendemain une communication du prince Léopold et qu'alors il serait en mesure de faire connaître ses intentions. Quelques heures plus tard, M. de Gramont, de plus en plus emballé, télégraphia à M. Benedetti que le langage du souverain manquait de précision, qu'il n'était pas possible d'admettre la distinction qu'il faisait entre sa propre personne et son gouvernement et qu'il y avait lieu de lui demander d'interdire au prince le maintien de sa candidature ; la dépêche ajoutait que, si le roi se servait d'un langage ambigu ou se renfermait dans le silence, son attitude serait envisagée comme un refus de faire ce qui était réclamé.

Dans l'intervalle de ces faits, le gouvernement espagnol, effrayé de la tournure des événements, avait envoyé un message au prince Léopold pour lui suggérer le retrait de son acceptation. Le 12, le prince Antoine télégraphia au maréchal Prim qu'il retirait cette acceptation au nom de son fils et immédiatement l'ambassadeur d'Espagne à Paris, M. Olozaga, en informa le gouvernement français.

Tout semblait fini à la satisfaction de la France, malgré les imprudences commises, et M. Ollivier ne dissimula pas sa satisfaction : " Nous tenons la paix, dit-il ; nous ne la laisserons pas échapper. " C'est le contraire qui survint. Tous ceux qui poussaient inconsidérément à la guerre s'écrièrent qu'il fallait des gages pour l'avenir, et une interpellation fut déposée par M. Clément Duvernois au Corps législatif au sujet des garanties que le gouvernement avait stipulées ou qu'il comptait stipuler pour éviter le retour de complications successives avec la Prusse. Un esprit clairvoyant eût aperçu du premier coup que c'était là vouloir imposer au roi Guillaume un engagement public et humiliant ; mais M. de Gramont se laissa entraîner ; il vit M. de Werther ; il sollicita une sorte de regret de la part du roi et il traça le modèle d'une lettre à écrire par lui à l'empereur ; ce modèle, qu'il remit à l'ambassadeur, portait : " En autorisant le prince Léopold de Hohenzollern à accepter la couronne d'Espagne, le roi ne croyait porter atteinte ni aux intérêts ni à la dignité de la nation française. Sa Majesté s'associe à la renonciation du prince de Hohenzollern et exprime son désir que toute cause de mésintelligence disparaisse désormais entre son gouvernement et celui de l'empereur. "

A la suite de cette entrevue, M. de Gramont se rendit à St-Cloud pour prendre les ordres de Napoléon III, et le soir, à 7 heures, il télégraphia à M. Benedetti que, " pour que la renonciation du prince Antoine produisît tout son effet, il paraissait nécessaire que le roi de Prusse s'y associât et nous donnât l'assurance qu'il n'autoriserait pas de nouveau cette candidature ". Il était manifeste cependant que, après une aussi chaude échauffourée, la candidature ne renaîtrait pas ; l'exigence de M. de Gramont était donc gratuitement blessante. M. Ollivier parut le comprendre, car, s'étant rendu au quai d'Orsay et ayant eu communication du texte de la dépêche, il insista pour qu'une seconde dépêche, attestant les intentions pacifiques du gouvernement français, fût expédiée ; il obtint satisfaction, mais la première n'en subsistait pas moins.

Le 13, de bonne heure, M. Benedetti se rendit sur la promenade des Fontaines pour y trouver le moyen de solliciter une entrevue du roi. Le roi, l'ayant rencontré, vint à lui, et l'ambassadeur lui transmit les prétentions du cabinet français. Sans se départir de son calme, le souverain répondit qu'il ignorait encore la détermination du prince Léopold ; puis, visant la demande française, il ajouta : " Vous réclamez un engagement sans terme et pour tous les cas ; je ne saurais le prendre ; " il termina en disant qu'il attendait des lettres de Sigmaringen et qu'après leur réception il manderait l'ambassadeur auprès de lui. Pendant que ceci se passait à Ems, les ministres français se réunissaient en conseil à St-Cloud ; là, des divergences de vues se firent jour, et finalement on se mit d'accord pour s'exprimer en termes adoucis et faire entendre qu'une transaction honorable serait accueillie. L'après-midi, au Corps législatif, M. de Gramont, dans un langage relativement mesuré, annonça que le prince de Hohenzollern s'était désisté, qu'on attendait l'approbation du roi Guillaume et que les négociations se poursuivaient. Aussitôt M. Jérôme David demanda à interpeller le gouvernement sur les atteintes portées à la dignité nationale. Le ministère réclama et obtint un répit de 48 heures.

Au même moment, un aide de camp du roi, le colonel Radziwill, vint annoncer à M. Benedetti que le prince Léopold renonçait au trône d'Espagne et que Sa Majesté considérait l'incident comme terminé. Le roi se dérobait ainsi à l'audience promise et l'on croit que le rapport de M. de Werther renfermant le texte de la lettre de regret sollicitée n'avait pas été étranger à cette résolution. M. Benedetti insista pour obtenir l'approbation du désistement par le roi et l'assurance que la candidature ne serait pas reprise. A 4 1/2 heures, le colonel Radziwill porta la réponse ; le roi approuvait le désistement ; mais, quant aux assurances pour l'avenir, il ne pouvait que se référer à ses précédentes déclarations. M. Benedetti insista pour obtenir une audience ; le roi la refusa, par le motif qu'il avait dit son dernier mot et ne pouvait rien y ajouter.

En même temps, M. de Bismarck entrait en scène ; il se montrait blessé du ton menaçant de la France et déclarait que la Prusse avait le droit d'obtenir le désaveu du discours du 6 juillet. Ayant reçu une dépêche d'Ems lui annonçant les événements du 13, il la remania et la publia ; elle résonna, suivant le mot de Moltke, " comme une provocation à grands coups de clairon " ; de telle sorte qu'on crut à Berlin que M. Benedetti avait insulté le roi, comme on crut bientôt à Paris que c'était le roi qui avait insulté l'ambassadeur. Le 14 au matin, M. de Werther vint avertir M. de Gramont qu'il avait reçu ordre de prendre un congé et de partir immédiatement. Là-dessus, le conseil des ministres se réunit. Le maréchal Lebœuf qui, antérieurement, avait affirmé qu'en quinze jours la France aurait 250.000 hommes sous les armes et dix jours après 50.000 hommes de plus, répéta, avec une assurance qui confond, qu'il était prêt et que l'armée française aurait une avance de quinze jours au moins sur la Prusse. Sous l'impression de ces renseignements, à 4 heures de l'après-midi, les ministres se décidèrent pour la mobilisation. Pourtant ils reculèrent encore devant une déclaration de guerre et ils s'arrêtèrent à l'idée de communiquer au Corps législatif un message de paix sollicitant de l'Europe la réunion d'un congrès. Mais aussitôt on apprit qu'à Berlin le courant belliqueux prévalait, que le roi Guillaume avait quitté Ems pour rentrer dans sa capitale et que la presse allemande était très agressive. Le conseil se réunit de nouveau à

10 heures du soir ; il renonça au message de paix et se prononça pour la guerre.

Le lendemain matin, la communication à faire au Corps législatif fut arrêtée ; elle relatait brièvement les faits, disait que, malgré le refus du roi de prendre un engagement pour l'avenir, les négociations n'avaient pas été rompues, mais que, le roi ayant refusé de recevoir l'ambassadeur, le cabinet prussien avait transmis ce refus aux États de l'Europe ; qu'un ordre de congé avait été adressé à M. de Werther et que le gouvernement n'avait plus qu'à prendre les mesures nécessaires pour sauvegarder les intérêts, la sécurité et l'honneur de la France. Cette communication fut accueillie par des acclamations et suivie d'une demande de crédits de 50 millions. M. Thiers protesta au milieu des murmures ; il émit l'avis " qu'on rompait sur une question de susceptibilités " et " il déclina la responsabilité d'une guerre aussi peu justifiée ". M. Ollivier, en lui répondant, eut un mot malheureux : " Nous acceptons dit-il, la responsabilité d'un cœur léger ; " puis, se reprenant aussitôt, il ajouta : " Je veux dire d'un cœur confiant et que n'alourdit pas la responsabilité." En vain demanda-t-on la communication des pièces. M. de Gramont affirma qu'il y avait affront pour l'empereur et pour la France et que, si on entendait le souffrir, il ne resterait pas cinq minutes ministre des affaires étrangères. La commission chargée de l'examen de la demande de crédits s'aboucha avec les ministres, qui furent catégoriques sur tous les points ; un rapport favorable fut déposé et les crédits furent votés à une immense majorité. Le 19, le message de la France annonçant la guerre arriva à Berlin. Déjà le roi avait signé l'ordre de mobilisation et, de toutes parts, les souvenirs de 1813 furent évoqués.

Le seul récit des faits fixe les responsabilités. Il semble bien que le roi Guillaume avait approuvé la candidature du prince de Hohenzollern et que son gouvernement l'avait vue de bon œil. Mais il faut reconnaître qu'une fois le conflit engagé, le roi mit à le dénouer pacifiquement beaucoup de bon vouloir, surtout si l'on songe aux éléments de succès que la victoire de 1866 et les progrès de l'organisation militaire prussienne lui procuraient : il n'avait aucune envie de faire la guerre à la France et la reine Augusta y était nettement hostile. Ce qui surprend au plus haut point, c'est l'aveuglement des ministres français et leurs exigences injustifiables. Leur aveuglement : comment en effet, après les enseignements de la guerre de 1866, ont-ils pu se décider à provoquer des hostilités pour lesquelles le pays n'était pas prêt ? Leurs exigences injustifiables : car, indépendamment du caractère comminatoire de la déclaration du 6 juillet, la demande de garantie, après que le conflit était virtuellement terminé, apparaît comme dépourvue de toute excuse. Seulement, il est juste d'ajouter que les fautes de la politique impériale depuis 1859 avaient causé au pays un malaise obsédant, que beaucoup appelaient de leurs vœux l'occasion de réagir contre les conséquences de ces fautes et que l'esprit public était fait à l'idée de la saisir et même de la susciter plutôt qu'à celle de la subir.

CHAPITRE IX.

LES PREMIÈRES HOSTILITÉS. — CHUTE DU MINISTÈRE
OLLIVIER. — LE DÉSARROI. — LE DÉSASTRE.

I.

Le sort en était jeté et, de toutes parts, on répétait
que, pour qu'il l'eût été, la France devait être prête
et en mesure d'exécuter au plus vite un plan arrêté de
longue date. Le plan dont on parlait avec complaisance
consistait à pénétrer brusquement en Allemagne et à
séparer les États du Nord et ceux du Sud. Mais, pour
qu'il se réalisât, deux choses étaient nécessaires : la
première, c'est que la France fût en mesure de
devancer la Prusse; la seconde, c'est qu'elle disposât
de forces suffisantes pour prendre une offensive périlleuse. Or, rien de pareil n'existait. On songea d'abord
à constituer trois armées, une en Alsace, une seconde
en Lorraine, une troisième à Châlons ; puis on décida
qu'il y aurait une armée divisée en huit corps, ayant
pour chef l'empereur avec le maréchal Lebœuf comme
major général et qui serait éparpillée le long de la
frontière : cet éparpillement était une première faute.

Puis, le commandement faisait défaut ; l'empereur malade et affaibli était incapable d'une initiative vigoureuse et le maréchal Lebœuf n'était pas habitué au maniement des troupes ; on s'aperçut du reste bientôt que les forces disponibles étaient moins considérables qu'on ne l'avait dit ; du 16 au 26 juillet, on ne parvint à expédier vers la frontière que 196.000 hommes ; enfin les lacunes de l'organisation étaient nombreuses : il n'y avait ni cohésion entre les chefs, les officiers et les soldats, ni état-major ni matériel suffisants. Dans ces conditions, toute initiative était chanceuse, et l'empereur, s'en rendant compte, paraissait livré à de véritables angoisses.

Ce qui se passait du côté de l'Allemagne n'était pas fait pour le rassurer. Le gouvernement français s'était flatté que les États du Sud resteraient neutres ; or, dès le 20 juillet, sous la pression du sentiment national, ils se joignirent à la Prusse. Les forces allemandes de toutes armes s'élevaient à 519.000 hommes ; il y avait en outre les garnisons et les dépôts ; un ordre parfait avait distribué le commandement ; on s'était préparé tant à une guerre défensive qu'à une guerre offensive ; Moltke avait fait entrer dans ses prévisions la possibilité d'une irruption impétueuse de l'armée française, et il avait écrit au roi que, si cette hypothèse se réalisait, une fois arrivée à Mayence, " elle se heurterait " ; mais il se convainquit bientôt qu'il n'y aurait pas d'invasion. D'autre part, M. de Bismarck déployait une activité dévorante et, pour faire croire aux convoitises de la France, il publia le projet de réunion de la Belgique à la France, que M. Benedetti avait laissé entre ses mains. Le Danemarck, sur lequel on avait compté à Paris, se hâta de proclamer sa neutralité. De Vienne et de Florence, les nouvelles étaient décevantes : à Vienne, on craignait l'entrée en campagne de la Russie et, dans tous les cas, disait-on, on devait s'entendre avec l'Italie ; de Florence, on marquait Rome comme prix d'une assistance : le gouvernement français ne pouvait y consentir ; mais, sans souci des interprétations défavorables, il rappela le petit corps d'armée qui protégeait les restes du pouvoir temporel du Pape.

Ainsi, dès avant l'ouverture des hostilités, tout respirait l'espoir du côté de l'Allemagne et la déception du côté de la France. C'est dans ces conditions que l'empereur partit pour Metz le 28 juillet et que le roi Guillaume quitta Berlin le 31.

A Metz, il y eut des conseils de guerre successifs ; on y acquit la conviction qu'on serait loin d'avoir 300.000 hommes ; on ne put se dissimuler non plus que le désarroi régnait dans plusieurs services ; mais, pour tromper l'impatience générale, on résolut d'exécuter une attaque sur Sarrebruck, en se bornant à occuper la partie de la ville située sur la rive gauche de la Sarre. C'est ce qui fut fait le 31 ; les Prussiens se retirèrent et, dans le camp français, on transforma en victoire ce médiocre engagement.

Le roi Guillaume arriva à Mayence le 7 août ; la confiance dominait autour de lui. Dès le 31 juillet, Moltke avait donné ordre à la troisième armée allemande de s'ébranler le 4 août, de franchir la Lauter et de tâcher de refouler le maréchal de Mac-Mahon, qui ne commandait qu'à 63.000 hommes, en partie dispersés, tandis qu'elle en comptait 130.000. Le jour fixé, un engagement eut lieu à Wissembourg ; les Français, malgré des prodiges de valeur, furent obligés de se retirer, le général Douay fut tué, et les yeux clairvoyants purent s'apercevoir du premier coup que, du côté français, sans parler de l'infériorité numérique, la cavalerie n'avait rien exploré et que l'artillerie avait été écrasée par les canons prussiens : c'étaient des signes trop certains de prochains désastres.

Mac-Mahon se convainquit bientôt qu'un engagement général se préparait ; il n'avait sous la main que 45.000 hommes environ et 130 bouches à feu ; il fit appel au secours d'autres corps, et notamment de celui du général de Failly ; celui-ci ne crut pas pouvoir dégarnir la position qui lui avait été assignée. Dans ces circonstances, le mieux eût été de se replier ; le général Ducrot en ouvrit l'avis ; Mac-Mahon résista, puis finit par céder ; mais, au moment où cette résolution était prise, la bataille s'engageait à Froeschwiller par des combats d'avant-postes. Etait-il temps encore de se retirer ? On l'a prétendu ; mais Mac-Mahon comptait sur la bravoure de ses troupes et sur l'aide de Failly : la bravoure ne fit pas défaut ; l'aide lui manqua. Malgré les efforts du maréchal pour balancer la victoire, il dut finir par se résigner à la retraite ; les officiers allemands s'étaient distingués par leurs initiatives et leur interprétation intelligente des ordres reçus ; l'artillerie prussienne avait une seconde fois marqué sa supériorité ; les Français avait perdu 20.000 hommes(1).

____

(1) La bataille de Froeschwiller a été appelée aussi bataille de Woerth ou de Reischoffen.

Jusque-là l'opinion régnait en France que ses troupes " se débrouilleraient toujours " et que rien ne pourrait leur résister. Les succès remportés en Crimée et dans les plaines de la Lombardie avaient contribué à accréditer cette croyance. Et voici que, dès le début des hostilités, une de ses armées était battue, l'Alsace envahie et les Vosges à la veille d'être franchies !

Au moins ces revers, si graves qu'ils fussent, n'allaient-ils pas pouvoir être réparés ailleurs ?

Il n'y parut pas. L'armée de Lorraine, à son tour, éprouva un sérieux échec à Forbach. Là, à un moment donné, les Français avaient été supérieurs en nombre ; mais le général Frossard manqua de décision et de coup d'œil ; il ne fut pas suffisamment soutenu, si bien qu'il dut commander la retraite ; il avait perdu 4000 hommes ; Forbach fut occupé par les Prussiens.

A la suite de cet insuccès, le maréchal Bazaine donna ordre à ses troupes de rétrograder vers Metz. Les désillusions qui commencèrent à s'emparer des troupes françaises furent d'autant plus poignantes, que les espérances avaient été plus aveugles.

II.

Les défaites éprouvées dès le début par l'armée du Rhin et l'armée de Lorraine étaient moins graves par elles-mêmes que par la conviction qu'elles donnaient de l'infériorité de l'établissement militaire français. Ce fut dans la nuit du 6 au 7 août que l'on apprit à Paris ces nouvelles déconcertantes ; une dépêche de l'empereur manda qu'il fallait se préparer à la défense de la capitale : cette prévision produisit une véritable consternation.

L'incertitude était partout. Elle dominait principalement à l'armée de Lorraine, où se trouvait l'empereur. Les récriminations n'y manquaient pas contre le maréchal Lebœuf et remontaient jusqu'au souverain, dont il était le major général. Un autre chef paraissait à tous nécessaire ; l'impératrice, elle aussi, réclamait un changement ; le maréchal Bazaine était unanimement désigné ; dès le 10 août, il fut chargé du commandement en chef.

Ce n'est pas seulement sur le théâtre des hostilités que des résolutions nouvelles semblèrent nécessaires : ce fut aussi au siège du gouvernement. Les Chambres devaient se réunir le 9 août ; au premier bruit des défaites, nombre de députés accoururent à Paris ; ils exhalaient leur mécontentement, et déjà les ministres sentaient le froid de l'isolement. Dès le 8, quelques hommes politiques réclamèrent de l'impératrice le renvoi du cabinet, l'octroi du portefeuille de la guerre au général Trochu et la remise au comte de Palikao du commandement des troupes chargées de couvrir la capitale. Au début de la séance du 9, M. Ollivier monta à la tribune, lut une déclaration à certains égards rassurante et réclama le concours de tous pour sauvegarder l'ordre public. Il fut accueilli d'une façon glaciale et un ordre du jour de M. Clément Duvernois, disant que " la Chambre était décidée à soutenir un cabinet capable de pourvoir à la défense du pays ", fut voté à une immense majorité. C'était l'arrêt de mort du ministère ; M. Ollivier le comprit ; il se rendit auprès de l'impératrice et, peu de temps après, il annonça que le comte de Palikao était investi de la mission de former une nouvelle administration. Ainsi achevèrent de s'évanouir les brillantes espérances qu'avait fait concevoir le ministère du 2 janvier ; ainsi devait être frappé d'un discrédit désormais irrémédiable l'homme qui, en dépit de ses grands talents et de ses hautes visées, avait, par un excès de légèreté, contribué à plonger la France dans un abîme (1). Le cabinet nouveau fut rapidement constitué ; il était composé en grande partie d'amis personnels de l'impératrice ; mais dans le public et même dans les Chambres, on ne vit que son chef, le comte de Palikao, que l'on envisageait à la fois comme une force et une garantie de premier ordre.

Pendant que cette crise gouvernementale se dénouait, on se demandait quel parti le maréchal Bazaine allait tirer des prérogatives dont il venait d'être investi. On se flattait qu'il serait à la hauteur de la situation ; il montra bientôt qu'il n'était pas capable de présider aux circonstances difficiles. Il lui eût fallu de la décision, de l'esprit de suite, de l'élan. Il n'en eut pas ; certes, les écueils l'entouraient de toutes parts ; mais ce n'était pas le moyen de les franchir que de tâtonner et d'hésiter. Au lieu de chercher à relever les courages, il suivit le plan de la retraite vers Metz, mais sans conviction

____

(1) Dans une interview du mois d'août 1906, M. Ollivier a contesté que l'impératrice eût poussé à la guerre et eût dit : " Ceci est ma guerre. " Mais il lui a reproché de lui avoir enlevé les rênes du gouvernement ; car, a-t-il ajouté, il se sentait assez fort pour les tenir et pour dominer la situation.

bien accusée ; et, tout en reculant, il laissa subsister trois ou quatre ponts sur la Moselle, en avant de Metz, peut-être dans le vague espoir d'être à même de reprendre l'offensive. Le 15, toute la rive droite de la Moselle était abandonnée, non sans qu'un sanglant combat, resté indécis, mais insuffisant pour arrêter les Prussiens, eût été livré à Borny. Le 16, l'empereur se décida à partir, en disant à Bazaine : " Je vous confie la dernière armée de la France ; songez au prince impérial. " Ce départ aurait dû laisser au commandant en chef ses coudées plus franches ; mais celui-ci continua à tergiverser. Du moment où l'idée de la retraite prévalait, il eût fallu se hâter de gagner Verdun et Châlons ; on prit la route de Verdun, mais lentement ; si bien que les Prussiens, obéissant à des ordres rapides et précis, cherchaient déjà à dessiner un mouvement tournant à l'effet de cerner l'armée française.

Il arriva de là que les deux armées se rencontrèrent et que fut livrée la bataille de Mars-la-Tour ou de Gravelotte. Les troupes françaises se couvrirent de gloire et les résultats furent controversés. Ce qui est certain, c'est que, tandis que les Allemands n'avaient disposé que 90.000 hommes, les Français en avaient eu 140.000, mais que, par l'effet d'une mauvaise répartition de leurs forces, ils avaient été presque toujours en moindre nombre aux endroits où s'étaient livrés les engagements décisifs. Ce qui ne l'est pas moins, c'est que les Allemands n'avaient pas été refoulés et qu'ils allaient rapidement reprendre l'exécution du plan qu'une main supérieure avait tracé.

On reprocha au maréchal Bazaine pendant cette

bataille son indifférence et son inertie : est-ce que le coup d'œil lui manquait ? est-ce que, dérouté par les coups d'une fortune inattendue, il subissait la pression d'une sorte d'affaissement moral ? Ce qu'on est en droit d'affirmer, c'est que les qualités maîtresses d'un général en chef, toujours utiles et surtout nécessaires dans les revers, lui faisaient défaut. Il ne tarda pas à le prouver en ordonnant à l'armée de se rapprocher de Metz, au lieu de la pousser sur la route de Châlons ou de Reims. Toutefois, sa décision demeurait flottante, car il télégraphia à l'empereur : " Je pense pouvoir me remettre en marche après-demain en prenant une direction plus au nord. " Etait-ce là vraiment son dessein ? Dans ce cas, il eût dû en presser la réalisation. En s'en abstenant, il favorisait la tactique des Allemands ; aussi ceux-ci, voyant qu'ils pouvaient aisément recueillir les fruits des dernières batailles, se vantaient-ils d'avoir vaincu et envoyaient-ils à Berlin des bulletins de victoire. Ce qui est l'excuse de Bazaine, c'est que toute résolution était devenue chanceuse et qu'il est dans la vie des hommes des heures où, les événements conspirant pour les abattre, ils n'aperçoivent plus bien la boussole du salut. On peut cependant regretter pour sa mémoire que, au lieu de s'entourer d'avis éclairés, il les ait négligés et qu'il soit resté en proie à ses incertitudes personnelles, sans chercher à les dissiper en recourant aux lumières d'autrui.

Les conséquences de ces tergiversations ne tardèrent pas à se faire sentir. Le but des Prussiens était dès ce moment visible : c'était de couper l'armée française de Verdun et de Châlons et de tâcher de l'envelopper. Il a été affirmé que, pendant qu'ils évoluaient dans ce sens, il eût été possible de prendre contre eux une vigoureuse offensive et de les battre. Or, c'est précisément le contraire que fit le maréchal Bazaine ; il ne songea qu'à la défensive et il se retira vers Metz. Les deux armées étaient néanmoins à une courte distance l'une de l'autre, si bien qu'un engagement isolé se produisit soudain le 18 août par l'effet de la témérité du corps du général Manstein, qui avait cru remarquer ce qu'il appela " l'insouciance des Français ". Bientôt la mêlée devint générale ; les chefs dont les troupes étaient aux prises avec l'ennemi réclamèrent des renforts ; Bazaine n'envoya que des secours insuffisants. On approchait de la fin de cette journée du 18 ; rien n'était encore définitivement perdu ; mais il eût fallu, pour remporter la victoire, que les Français fussent soutenus par des bataillons encore intacts; Canrobert les sollicita; ils ne vinrent pas; un instant Bourbaki s'avança; mais, rencontrant des blessés et des fuyards en grand nombre, il rétrograda. Finalement, le succès resta acquis aux Prussiens; la bataille s'appela la bataille de St-Privat.

Désormais, la fortune de l'armée envahissante était fixée. Bazaine parut d'abord ne pas s'en apercevoir. Il ne s'était pas rendu compte de l'importance de la lutte engagée ; il se trouvait de sa personne sur un autre point, où le sort des armes ne s'était pas nettement accusé ; aussi, voyant que sa gauche n'avait pas été compromise, il télégraphia à l'empereur : " Le feu cesse ; nos troupes sont constamment restées sur leurs positions. " Mais il ne dut pas tarder à discerner la faute qu'il avait commise, en n'aidant pas efficacement les corps qui avaient réclamé des secours ; il apprit coup sur coup que l'aile droite de l'armée avait été débordée, que St-Privat était perdu et que la retraite de ce côté dégénérait en véritable fuite. Déjà, avant ce moment, il inclinait, comme on l'a vu, à ramener ses forces sous le canon de Metz ; le 19 août, il ordonna d'exécuter ce mouvement sans retard, et alors que tout semblait lui prescrire depuis plusieurs jours de ne pas se laisser envelopper, il acheva par cet ordre de favoriser le plan de ses adversaires. Témoin de cette aberration, Molkte comprit qu'il tenait sa proie et, soucieux de ne pas gaspiller les avantages d'une telle victoire, il forma sans délai deux armées destinées, l'une à investir Metz, l'autre à marcher sur Paris et à empêcher que de là l'on ne pût tenter de délivrer Bazaine. Quelques jours auparavant, trois routes s'offraient aux troupes françaises pour échapper à l'étau : dès le 20, elles étaient fermées.

Il n'y avait plus à se le dissimuler : la France était vaincue ; ses meilleures forces avec trois maréchaux étaient désormais immobilisées ; elles l'étaient par suite de défaites successives et de fautes multipliées ; elles l'étaient aussi par l'action combinée d'un capitaine hors ligne, M. de Moltke, d'un homme d'État puissant, Bismarck, et d'un vieux roi toujours préoccupé de personnifier l'idée nationale et sachant communiquer autour de lui la flamme patriotique qui l'animait.

III.

Il est vrai qu'une armée restait à la France, celle du maréchal de Mac-Mahon ; mais elle aussi, atteinte par les revers, était en pleine retraite ; le désarroi, né de la déroute de Woerth, avait jeté le découragement dans ses rangs ; les vivres et les munitions lui manquaient, et son chef, du moment où il avait été trahi par la fortune dans une première rencontre, n'avait eu qu'une pensée, c'était de gagner le camp de Châlons pour s'y réorganiser et tâcher d'attirer à lui tous les corps encore disponibles.

En se retirant, il eût bien fait d'obstruer les tunnels des chemins de fer entre Sarrebourg et Saverne à l'effet de retarder l'invasion ennemie. Mais il lui était malaisé de conserver dans l'adversité la présence d'esprit qui est le levier des bons jours ; et puis, n'espérait-il pas, ne fût-ce que vaguement, pouvoir ressaisir l'offensive ? Toujours est-il que les tunnels restèrent ouverts et facilitèrent ainsi la marche des Prussiens. Enfin, vers le 20, toutes les épaves de l'armée du Rhin se trouvèrent réunies à Châlons ; l'aspect en était à bien des égards lamentable, à telles enseignes qu'un officier, frappé d'un tel désastre, put s'écrier : " C'est la retraite de Russie, moins la neige ! " Maintenant que fallait-il faire ? Les avis venus de Metz étaient contradictoires ; le camp était dépourvu de toute défense ; jamais on n'avait supposé que l'ennemi pût arriver jusque-là, bien que la leçon de 1814 eût dû y faire penser ; bref, on ne pouvait guère songer à se concentrer en cet endroit : on y était exposé à une brusque poussée de l'ennemi.

L'empereur rejoignit l'armée du Rhin à Châlons ; il croyait que Bazaine le suivait ; et à peine fut-il arrivé, qu'une délibération s'ouvrit entre lui, le prince

Napoléon, Mac-Mahon et le général Trochu, qui venait d'être pourvu d'un commandement. Le prince Napoléon insista pour que l'empereur rentrât à Paris ; on lui répondit que la surexcitation des esprits dans la capitale rendait ce départ périlleux ; le pauvre souverain paraissait de trop partout : à Paris, où la force morale lui eût manqué pour exercer le pouvoir ; à l'armée, où il ne commandait plus et où sa présence n'était signalée que par la multiplicité et l'éclat de ses équipages et des livrées de ses gens de service. Un moyen terme fut proposé : c'est que le général Trochu ramènerait l'empereur dans sa capitale et serait nommé lui-même gouverneur de Paris, sa popularité devant servir de rançon au discrédit de son protégé ; le prince Napoléon insista de nouveau, voyant dans cette combinaison la fin de la régence de l'impératrice qu'il détestait ; Trochu, impatient de jouer un rôle et ne doutant pas de lui-même, déclara accepter ; mais l'empereur hésitait ; seulement, il consentit à nommer Trochu gouverneur de Paris ; il chargea en même temps Mac-Mahon du commandement en chef des forces réunies à Châlons ; et pendant que tout ceci s'élaborait, on laissait en suspens la question vitale de la retraite sur la capitale.

Les décisions qui venaient d'être prises avaient besoin de l'agrément de la régente et du conseil des ministres. L'impératrice et la cour paraissaient surtout préoccupées de sauver la cause du prince impérial ; le général de Palikao ne songeait qu'à reporter vers la frontière l'effort des armées ; il voulait en même temps échapper à la présence à Paris d'un rival qui, investi de fonctions importantes, menaçait de l'éclipser. Aussi quand arriva, dans la soirée du 17, le message de l'empereur, il fut froidement accueilli ; l'impératrice supplia l'empereur de ne pas revenir à Paris (1) ; le ministre de la guerre insista pour que l'armée de Châlons ne fût pas ramenée sur la capitale. A peine ces dépêches étaient-elles envoyées, que le général Trochu apparut chez le ministre de l'intérieur, M. Chevreau, exhibant le décret le nommant gouverneur de Paris et demandant que ce décret fût contresigné et envoyé à l'*Officiel*. On prévint l'impératrice en toute hâte, et cette nuit même se réunirent aux Tuileries sous sa présidence le général Trochu, le ministre de l'intérieur et l'amiral Jurien de la Gravière. L'impératrice, fort surexcitée, interpella le général Trochu et lui dit : " Général, je vous demande un conseil. Ne pensez-vous pas qu'en l'extrême péril où nous sommes, il conviendrait d'appeler en France les princes d'Orléans ? " L'amiral intervint et ramena le calme ; mais quand le général Trochu fit allusion au retour de l'empereur, la régente répondit : " Non, l'empereur ne rentrera pas. Ceux qui ont conseillé à l'empereur les résolutions que vous m'annoncez sont des ennemis. L'empereur ne rentrerait pas à Paris vivant. L'armée de Châlons fera sa jonction avec celle de Metz. " La conversation se poursuivit, fiévreuse et hâchée ; le général Trochu protesta de ses sentiments,

---

(1) M. Em. Ollivier a récemment émis l'avis que la responsabilité de l'impératrice dans les événements résulte tant de ce qu'elle lui a enlevé le pouvoir que de l'opposition faite par elle au retour de l'empereur dans la capitale.

et finalement l'impératrice consentit à ce que le décret qui le nommait fût contresigné par Palikao. Seulement, la portée de ce décret était d'emblée énervée ; il devait avoir pour corollaires la rentrée de l'empereur à Paris et la retraite de l'armée ; or, ces deux points venaient d'être rejetés. Le lendemain matin, le public apprit par le *Journal officiel* la nomination du général Trochu, et l'on se demandait quelle était la signification de cette nomination, lorsque le général de Palikao, à la Chambre, l'expliqua comme une chose toute naturelle, en ajoutant : " Rien ne nous inquiète aujourd'hui, au contraire ! "

Pendant que tout ceci se passait dans la capitale, l'incertitude dominait au camp de Châlons. Napoléon télégraphia à Bazaine pour avoir des nouvelles. Une première dépêche répondit : " L'ennemi a été repoussé et nous avons passé la nuit sur les positions conquises." Une seconde annonça la concentration sous les murs de Metz et ajouta : " Metz est à peu près bloqué." Quant à Mac-Mahon, qui se considérait comme le subordonné de Bazaine, il ne recevait aucune instruction. Le 18 arriva un message de Bazaine fort confus ; il mandait bien que le général en chef allait faire tous ses efforts " pour reprendre notre marche ", mais n'osait garantir le succès. D'autres renseignements sur la bataille de St-Privat apparurent comme très compliqués. Aussi Mac-Mahon se sentit-il affermi dans le dessein de quitter Châlons et de se replier sur Paris. C'était le moment où le conseil des ministres délibérait ; cédant aux injonctions de Palikao, il se prononça pour la marche vers Metz. Avisé de cette décision,

Mac-Mahon déclara qu'il obéirait ; il le fit non sans perplexité, car il ne pouvait se diriger sur Metz sans découvrir Paris ; il chercha à se mettre en rapport avec Bazaine ; mais le 16, l'interruption des communications devint définitive.

Le temps perdu par les Français en tergiversations était mis à profit par les Allemands ; le 20, on les signala à quelques lieues du camp. Mac-Mahon, bien que soumis aux ordres reçus, sentait en lui les révoltes du bon sens ; il finit par se décider à obliquer vers le Nord, en se tenant à égale distance de Paris et de Metz. En conséquence, le 21, il se mit en route pour Reims. A peine s'y trouvait-il, que M. Rouher arriva. Fort discrédité depuis que l'empire avait pris des allures libérales, il avait reconquis quelque prestige, après que les ministres du 2 janvier, accablés d'impopularité, avaient été remplacés par le cabinet du 10 août. Lui aussi, il conseilla la marche sur Metz ; Mac-Mahon la combattit ; ne recevant plus de nouvelles de Bazaine, il en concluait que l'armée de Loraine était bloquée et qu'il était bien tard pour la secourir. M. Rouher s'inclina, se réfugiant derrière son incompétence ; mais, dans l'éventualité d'un retour vers Paris, il préconisa l'idée de confier à Mac-Mahon le commandement de toutes les forces qui défendraient la capitale ; il partit muni d'un décret dans ce sens ; à ses yeux, c'était le moyen d'amoindrir le général Trochu, qu'il n'aimait pas et dont il se défiait.

Mais le général de Palikao ne se rendit pas ; quand on lui montra le décret, il entra dans une violente colère et rédigea un message enjoignant de nouveau à l'armée du Rhin d'aller au secours de Bazaine. Ce message n'était pas encore expédié, quand deux télégrammes, l'un de l'empereur et l'autre de Mac-Mahon, annoncèrent, non la retraite sur Paris, mais la marche vers l'Est. Comment expliquer ce brusque changement ? Le 22, par des voies indirectes, on avait reçu une communication de Bazaine du 19, disant : " Je compte toujours prendre la direction du Nord et me rabattre ensuite par Montmédy sur la route de St-Menehould et Châlons, si elle n'est pas fortement occupée. Dans ce cas, je continuerai sur Sedan et même sur Mézières pour gagner Châlons. " On ne se demanda pas si ce mouvement était encore possible ; il suffisait qu'il fût annoncé pour que Mac-Mahon se considérât comme engagé par les devoirs de la confraternité militaire ; Bazaine venait vers lui ; il se résolut à faire la moitié du chemin et tâcha de l'informer que lui, de son côté, allait se diriger sur Montmédy. Le lendemain Bazaine chercha à expédier par des moyens détournés un autre message manifestant " la crainte de ne pouvoir entreprendre la marche vers le Nord sans compromettre l'armée " ; mais ce message ne parvint pas à destination, si bien que le 25 août l'armée de Mac-Mahon commença sa marche vers le Nord-Est.

IV.

Revenons de quelques pas en arrière pour retracer en peu de mots la carrière du ministère de vingt-quatre jours qui avait pris le 10 août la direction des affaires.

Dans la détresse où celles-ci se trouvaient, la nomination du général de Pelikao avait été bien accueillie. Le général s'était immédiatement mis à l'œuvre ; il lui fallait à la fois renouveler les effectifs, refaire l'appareil militaire, mettre Paris en état de défense et, au-dessus de tout, sauver l'empire.

Il ordonna d'abord la levée du contingent de 1870 ; il appela à l'activité les citoyens de 25 à 35 ans non mariés ou veufs sans enfants ; il rétablit la garde nationale dans tous les départements ; il s'attacha à utiliser les nouvelles recrues en les incorporant dans les cadres existants formés d'anciens militaires et des réservistes ; il appela à Paris les équipages des vaisseaux et obtint rapidement par ce moyen 8.000 hommes ; il espérait ainsi avoir des forces suffisantes pour défendre la capitale ; il ne négligea pas les approvisionnements ; bref, il mit tout en œuvre pour parer dans la mesure du possible au point de vue militaire à une situation exceptionnellement difficile.

Mais sa tâche ne pouvait se borner à ce souci. Il s'agissait de contenir les révolutionnaires qui, au premier bruit des revers de l'armée, avaient relevé la tête et s'étaient efforcés de susciter des séditions. Cependant, on ne songeait pas encore à les suivre ; on voyait bien que le régime impérial craquait ; mais l'attention était ailleurs ; elle se tournait vers l'armée et aussi vers les Chambres. Au sein du parlement, des propositions diverses furent agitées ; on réclama la formation d'un comité de défense ; le gouvernement, d'abord hostile à ce dessein, finit par consentir à nommer lui-même les membres de ce comité au nombre de

trois et parmi eux il désigna M. Thiers. D'autres
motions se firent jour ; elles étaient l'expression de
l'ahurissement général. Les nouvelles étaient de moins
en moins rassurantes ; les alarmes croissaient à vue
d'œil ; Trochu était pessimiste ; Palikao laissait percer
l'espoir d'un succès. Quant à la foule, crédule et
méchante, elle accueillait tous les bruits, même les
plus contradictoires ; elle y faisait écho ; elle criait
à la trahison et s'imaginait être entourée d'espions.

L'anxiété trouvait un aliment puissant dans l'isolement de la France. Dès le début des hostilités, le
gouvernement avait sondé l'Autriche et l'Italie ; les
optimistes se figuraient que cette dernière, qui devait
tant à Napoléon III, se souviendrait aux jours d'infortune des devoirs de la gratitude. Cette illusion tomba
bientôt. L'Autriche avait donné vaguement à entendre
qu'elle pourrait nouer avec l'Italie une entente stipulant
la neutralité armée, sauf à examiner ultérieurement
s'il y avait lieu pour elle d'entrer en campagne ; mais,
surprise par la soudaineté de la déclaration de guerre,
elle insinuait qu'elle n'était pas prête et que, du reste
elle devrait connaître avant tout les dispositions de la
Russie (1). L'Italie insistait, comme condition préalable,
pour que l'évacuation de Rome fût suivie " d'une
solution conforme à ses vœux et à ses intérêts " ; sur
ce point, l'empereur refusa de céder. Et les choses en

---

(1) Une note de M. de Beust au prince de Metternich, publiée
récemment et qui porte la date du 20 juillet 1870, est ainsi conçue :
"Veuillez répéter à l'empereur et à ses ministres que, fidèles à nos engagements tels qu'ils sont fixés dans les lettres des deux souverains de la fin de
l'année dernière, nous considérons la cause de la France comme la nôtre

étaient là, quand survinrent les premières défaites. L'Autriche retira tout à fait son épingle du jeu : il n'y avait plus rien à espérer d'elle ; on persistait néanmoins à compter sur l'Italie ; on lui demanda une armée de secours de 60.000 hommes. Victor-Emmanuel, dont la nature présentait des côtés chevaleresques, était tenté ; mais ses conseillers les plus autorisés désapprouvèrent tout projet d'intervention et, par suite, le ministre des affaires étrangères télégraphia à Paris : " Malgré toute notre bonne volonté, nous ne sommes pas en mesure de donner à la France un concours utile." Le gouvernement italien sentait cependant combien sa résistance était délicate ; il chercha un point d'appui auprès de l'Angleterre, et celle-ci, pour le tirer d'affaire, imagina la Ligue des neutres ; un accord dans ce sens fut conclu entre les deux Etats ; il fut stipulé qu'aucun d'eux ne pourrait changer de politique sans s'être communiqué, à cet égard, leurs idées. D'autres puissances adhérèrent à la Ligue, et parmi elles tout d'abord l'Autriche.

La France se trouvait ainsi livrée à son sort, sans que personne voulût lui tendre une main secourable. L'Autriche eut bien désiré une médiation, mais l'Angleterre estima qu'elle se produirait trop tôt et, du reste, comme il arrive toujours en pareil cas, les belligérants n'étaient guère disposés à s'y prêter ; les

---

et que nous contribuerons *dans la limite du possible au succès de ses armes.* La *neutralité* n'est qu'un moyen de nous rapprocher du véritable but de notre politique, le seul moyen de compléter nos armements *sans nous exposer à une attaque prématurée de la Prusse et de la Russie."* En d'autres termes, l'Autriche était décidée à attendre les événements.

vainqueurs poursuivaient la consolidation de leur victoire, les vaincus se berçaient de l'espoir d'une revanche. Cependant, l'empereur avait peine à croire de la part de l'Italie à un oubli complet des services rendus ; il envoya le prince Napoléon à Florence ; celui-ci, inhabile à percer les secrets du langage diplomatique, s'imagina que ses ouvertures étaient favorablement accueillies ; mais tout ce qu'il finit par obtenir, c'est une démarche de l'Italie auprès du cabinet anglais en vue d'une action commune pour mettre fin à la guerre. " Le temps n'est pas encore venu, " répondit lord Granville. Le prince Napoléon resta néanmoins à Florence, multipliant ses efforts, mais toujours éconduit, et, à mesure que les événements se pressaient, il ressentit davantage les amertumes de l'abandon.

N'y avait-il au moins rien à attendre de la Russie ? Elle ne pouvait pas, semble-t-il, voir de bon œil les agrandissements de la Prusse, et d'ailleurs beaucoup de sympathies l'avaient toujours unie à la France. Mais l'empereur Alexandre, que des liens de famille rattachaient aux Hohenzollern, avait été très défavorablement impressionné de la tournure que la France avait imprimée aux négociations à la veille de la rupture ; il chercha même à détourner l'Autriche de toute alliance avec Napoléon et il donna à entendre que son intervention susciterait la sienne. Quelques semaines après, il se montra plus favorable à un accord sur des bases équitables et durables ; mais aucun effort précis ne fut tenté par lui ; ce service d'ailleurs eût dû être payé par l'abrogation du traité de 1856, et pendant que le temps s'écoulait en vaines conversations diplomatiques, la guerre aggravait ses coups.

Ainsi, nulle intervention ne se manifesta à l'horizon. Seul le St-Père, dans une lettre au roi de Prusse, s'offrit comme médiateur. Mais, à ce moment, la parole appartenait encore au canon.

V.

Mac-Mahon, en se mettant en marche, disposait de 120.000 hommes environ. Il avait avec lui les généraux Ducrot, Félix Douay, de Failly et Lebrun. Il comptait d'abord s'avancer directement sur Verdun ; mais il s'aperçut que les vivres lui manquaient ; il dut donc obliquer du nord-est vers le nord et gagner Réthel pour s'y pourvoir. Ce détour, après tant d'hésitations, n'était pas fait pour améliorer sa position.

Il était, du reste, serré de près par l'armée allemande. Le prince royal, convaincu que le gros des troupes françaises était concentré à Châlons, avait résolu de se diriger vers Paris. Mais ses éclaireurs l'avisèrent bientôt qu'il n'y avait plus trace de forces ennemies de ce côté ; il eut d'abord peine à croire que Mac-Mahon songeât à aller au secours de Bazaine, tant cette entreprise apparaissait comme téméraire ; mais il ne tarda pas à apprendre que l'invraisemblable, c'était le vrai. En une nuit, tous les plans furent modifiés, et c'est ici que se révéla une fois de plus le génie de Moltke ; les troupes allemandes eurent désormais pour objectif de poursuivre Mac-Mahon.

A aucun point de vue, l'égalité n'existait entre les deux armées. Les Allemands disposaient de 225.000 hommes ; ils avaient aussi le double des bouches à feu de la France ; ils étaient conduits par le roi et Moltke. Les Français avaient Napoléon et Mac-Mahon : Napoléon ne dirigeait plus rien et était comme affaissé sous les coups qui s'abattaient sur sa tête ; Mac-Mahon avait l'expérience de la guerre et se distinguait par une grande bravoure, mais son coup d'œil ne valait pas celui de Moltke et, en proie à des tiraillements multiples, il reculait devant les résolutions personnelles ; s'il avait eu à ce moment de l'audace, peut-être eût-il pu vaincre les Prussiens avant qu'ils se fussent concentrés ; mais, n'ayant plus d'autre préoccupation que celle d'obéir, il ne cherchait qu'à gagner Metz. Il était dans cette disposition d'esprit, quand il apprit que l'ennemi le poursuivait. Allait-il tout à la fois être coupé de Metz et de Paris ? Il était en proie à cette perplexité, lorsqu'il fut informé que le 25 Bazaine était encore sous les murs de Metz, et aussitôt il se dit que si ce dernier n'avait pu avec toutes ses forces briser le cercle de fer que l'entourait, lui, Mac-Mahon, était exposé au même insuccès. Il consulta l'empereur, et celui-ci conseilla la retraite vers le nord-ouest, sur Mézières, de manière à sauver la seule armée qui fût encore disponible. La prudence recommandait ce parti ; en dehors de là, le salut n'apparaissait guère comme possible. Mais un tel parti déroutait les plans de Palikao, qui se figurait pouvoir diriger de loin les événements à sa guise. De son côté, l'impératrice craignait, dans l'intérêt de la dynastie, le retour de l'empereur et une révolte de l'opinion à l'idée d'abandonner Bazaine ; de plus, la retraite sur Paris aurait un air de fuite. Toutes ces considérations entraînèrent le conseil des ministres. A la vérité, Trochu recommandait la concentration sous les murs de la capitale, et Thiers redoutait que la marche vers Bazaine n'aboutît à un désastre : " Vous avez déjà, dit-il, un maréchal bloqué ; bientôt vous en aurez deux ; " mais leurs avis ne prévalurent pas ; et le 27, à onze heures du soir, le ministre de la guerre télégraphia à l'empereur : " Si vous abandonnez Bazaine, la révolution est dans Paris et vous serez attaqué vous-même par toutes les forces de l'ennemi. Contre le dehors, Paris se gardera ; les fortifications sont terminées ; il me paraît urgent que vous puissiez arriver rapidement jusqu'à Bazaine. " Il écrivit aussi à Mac-Mahon : " Au nom du conseil des ministres, je vous demande de porter secours à Bazaine, en profitant des trente-six heures d'avance que vous avez sur le prince royal de Prusse. "

L'empereur persista à envisager ce mouvement comme fort dangereux. Mais Mac-Mahon se soumit aux injonctions reçues et se prépara à rejoindre Metz par Montmédy. Tout à coup, il apprit que les Allemands l'avaient devancé sur la Meuse et que Stenay, non loin de Montmédy, était en leur pouvoir. C'était une raison de plus pour rétrograder, car il est des heures où il faut savoir désobéir. Mais Mac-Mahon recula devant cette responsabilité et il se décida à tâcher de gagner Montmédy en faisant un crochet. Il avait quatre corps sous ses ordres : l'un d'eux, harrassé de fatigue, s'attarda à Beaumont ; il fut attaqué par les

Allemands à l'improviste et fut battu ; ses débris rallièrent les autres corps. Mac-Mahon était dominé par une pensée que cet échec n'affaiblit pas : il voulait faire passer la Meuse par ses troupes à Mouzon, au nord de Montmédy ; il y réussit ; mais il était suivi de près par l'ennemi, qui lui rendait la marche vers Bazaine impossible ; alors, ne voyant plus d'autre issue, il se résigna à se replier sur Sedan, où il espérait trouver du pain, des approvisionnements et un jour de repos ; il en avisa aussitôt le ministre de la guerre. Quant à l'empereur, il avait gagné Carignan, au delà de Mouzon ; il crut d'abord, d'après des renseignements incomplets, que l'affaire de Beaumont avait été un engagement sans importance ; il le télégraphia même à l'impératrice ; mais presque aussitôt après, il reçut un message de Mac-Mahon le pressant de se rendre à Sedan, ce qu'il se hâta de faire.

La position de Sedan n'était rien moins que favorable au stationnement d'une armée ; la configuration des lieux offrait mille difficultés, qu'aggravait le voisinage de la frontière belge. Une planche de salut restait : c'était, en se retirant, de détruire les ponts de la Meuse et de gagner par Mézières Paris ou les places du nord. Mais il fallait se hâter, car les Allemands ne perdaient pas une heure, et il était visible qu'ils poursuivaient contre l'armée française " l'offensive concentrique " ; déjà, ils prévoyaient la retraite des Français sur le territoire belge, et Bismarck avisait le cabinet de Bruxelles d'avoir, dans ce cas, à désarmer tout détachement qui passerait la frontière. Mac-Mahon, bien qu'en proie à l'anxiété, crut qu'il avait un jour ou deux de répit ; on était arrivé au soir du 31, et il a avoué depuis " qu'à ce moment il ne savait pas encore de quel côté il effectuerait le lendemain sa retraite ". Une sorte de conseil se tint cependant autour du maréchal ; mais rien ne fut décidé ; la nuit ne fut pas utilisée ; les ponts sur la Meuse restèrent intacts et les soldats s'endormirent. Certes, Moltke, prévoyant la possibilité de cette retraite, s'était mis en mesure de tâcher de l'empêcher ; cependant, si les Français avaient profité du temps, il est vraisemblable qu'ils auraient pu échapper aux poursuites de l'ennemi.

Le 1er septembre, de bonne heure, le signal de la bataille fut donné au sud-est par les Bavarois. Dès six heures du matin, le maréchal de Mac-Mahon s'était placé sur un point élevé pour examiner les positions allemandes ; là, il fut atteint à la partie supérieure de la cuisse par un éclat d'obus ; il chancela ; on l'emporta à Sedan ; il ne put plus commander, mais désigna le général Ducrot pour le remplacer. Aussitôt celui-ci donna des ordres pour ramener l'armée au plus tôt vers l'ouest. En était-il encore temps ? Certes, les chances étaient moins favorables que les jours précédents ; mais on pouvait espérer que, grâce à un effort désespéré, une grande partie de l'armée se sauverait. A ce moment intervint le général de Wimpffen, arrivé le 30 août, qui exhiba un message du ministre de la guerre l'investissant du commandement en chef pour le cas où Mac-Mahon serait obligé de l'abandonner. Un tel empressement, en désaccord avec la volonté du maréchal, était à cette heure périlleuse, tout au moins étrange. Mais il n'y avait plus qu'à s'incliner et

Wimpffen, faisant acte d'autorité, déclara qu'il ne pouvait être question de retraite ; il voulait une victoire ; il croyait qu'il la tenait ; Ducrot le supplia de ne pas persister ; il ne fut pas écouté ; et, conscient de la situation, il jeta à ses officiers ce cri de détresse : " Nous sommes perdus ! "

Tout ceci se passait avant neuf heures. Un premier démenti fut bientôt donné à l'optimisme de Wimpffen. Il comptait jeter à Bazeilles les Bavarois dans la Meuse ; ce furent au contraire les Bavarois qui restèrent maîtres de Bazeilles après un effroyable carnage. Pendant ce temps, Moltke donnait ordre de consommer la manœuvre destinée à envelopper l'armée française ; vers midi, cette manœuvre avait atteint son plein succès, et de tous les points du cercle tracé par les Allemands pleuvaient les obus sur les troupes impériales ; Ducrot fit des prodiges de valeur ; l'héroïsme atteignit ses dernières limites, si bien que le roi Guillaume, à ce spectacle, s'écria : " Ah ! les braves gens ! " Mais rien n'y fit : la bataille était perdue, et déjà les restes de l'armée vaincue s'enfuyaient confusément vers Sedan.

L'empereur, durant ces heures sanglantes, avait erré sur le champ de bataille, se montrant, insoucieux de la mort, aux endroits les plus exposés. Il fut un des premiers à se rendre compte du désastre, et vers une heure, il fit arborer le drapeau blanc au haut de la citadelle. Ce drapeau, on ne le vit pas ou on ne voulut pas le voir ; une demi-heure après, il était abattu. Wimpffen lui fit savoir qu'il allait tenter de percer les lignes prussiennes vers Carignan et lui demanda en même temps de se mettre au milieu des troupes. L'empereur répondit qu'une trouée était impraticable et de nouveau il prescrivit de hisser le drapeau blanc ; il espérait, d'après une déclaration faite au général Ducrot, obtenir du roi Guillaume "des conditions avantageuses". Ducrot résistait encore ; mais l'empereur observa que toutes les chances étaient perdues ; il donna en conséquence l'ordre de cesser le feu et de rédiger une demande d'armistice. Les généraux présents refusèrent successivement de contresigner cet ordre et cette demande. Çà et là, il y eut encore des tentatives désespérées ; aucune d'elles ne pouvait plus réussir. Au milieu d'un désordre inexprimable, on apporta le général Margueritte mortellement blessé; l'empereur alla le visiter et s'efforça de relever son courage ; le général, qui ne pouvait plus parler, écrivit: " Sire, moi, ce n'est rien ; mais la France, la France ! " C'était bien cela, et pendant que l'empereur ne trouvait personne qui consentît à signer en quelque sorte la déchéance de la France, deux officiers allemands vinrent sommer la place de se rendre. Alors Napoléon se décida à écrire au roi de Prusse une lettre disant : " Monsieur mon frère, n'ayant pu mourir à la tête de mes troupes, il ne me reste qu'à remettre mon épée entre les mains de Votre Majesté. Je suis de Votre Majesté le bon frère, Napoléon. " Le roi, qui ignorait que l'empereur fût à Sedan, s'empressa de répondre qu'il acceptait son épée et de le prier " de désigner un officier chargé de traiter la capitulation de l'armée qui, ajoutait-il, s'est si bravement battue sous vos ordres ". De son côté, il désignait le général de Moltke. La trêve fut conclue jusqu'au lendemain matin.

Quand il s'agit de choisir l'officier chargé de cette

douloureuse mission, l'empereur rencontra les mêmes résistances que quand avait été agitée la demande d'armistice. Wimpffen venait d'envoyer sa démission ; Ducrot et Douay se récusèrent ; alors de nouvelles instances furent faites auprès de Wimpffen, qui céda et consentit à se rendre avec les généraux Fain et Castelnau à Donchery, où ils trouvèrent Moltke, Bismarck et Podbielski. Wimpffen demanda quelles étaient les conditions. Moltke répondit : " L'armée tout entière est prisonnière de guerre ; mais on laissera aux officiers leurs armes. " Wimpffen se récria ; Bismarck vint à la rescousse ; en insistant, Wimpffen essaya de faire luire la perspective d'une tentative suprême ; mais Moltke répliqua : " Votre armée est décimée ; vous n'avez pas de vivres, pas de munitions. Avec notre artillerie, nous pouvons en deux heures vous anéantir. "

Les plénipotentiaires rapportèrent ces conditions à Sedan. L'empereur espérait mieux et résolut de solliciter une entrevue du roi. Il s'engagea sur la route de Mézières ; Bismarck, prévenu, accourut à sa rencontre; il maintint les conditions de la veille ; l'empereur demanda à voir le roi ; on y consentit, mais après la capitulation. Il ne restait plus qu'à s'incliner ; les signatures furent échangées ; aussitôt le roi se prêta à une entrevue ; elle fut, paraît-il, courtoise ; et, quand elle eut pris fin, l'empereur dit à ses officiers : " Messieurs, nous allons à Wilhelmshöhë. "

Le 3 septembre il se dirigea vers cette destination. La journée de Sedan avait coûté à la France 3.000 tués et parmi eux 5 généraux, 14.000 blessés, 21.000 hommes faits prisonniers pendant la bataille, 43.000 qui tombèrent entre les mains des Prussiens par l'effet de la capitulation. Un certain nombre de soldats avaient réussi à s'échapper, les uns vers la Belgique, les autres vers le nord de la France.

Ainsi se termina le drame qui devait donner le coup de mort à l'empire. Quand on en repasse les péripéties, on se heurte partout à des fautes, commises par tous ceux qui y prirent part. Je ne parle pas en ce moment de ses origines ; mais, dans l'exécution, il y eut un tel désarroi, que l'esprit demeure confondu. Tout s'explique cependant par le caractère exceptionnel des mécomptes qui assaillirent les principaux acteurs. L'empereur, pendant toute cette période, avait laissé flotter les rênes; il redevint le souverain pour empêcher l'immolation de l'armée, et donna ainsi une dernière preuve de la générosité de son cœur. Mais ce trait final ne pouvait rien enlever au caractère funeste d'une politique ayant abouti à un désastre sans nom.

CHAPITRE X.

A Paris, les nouvelles positives n'arrivèrent que tardivement. Le soir du 29 août, des dépêches alarmantes étaient arrivées ; le 2 septembre, elles se multiplièrent ; mais le gouvernement se disait sans informations officielles. A 6 heures seulement, l'un des ministres, M. Jérôme David, fut avisé du désastre ; il en prévint immédiatement M. Thiers, déjà envisagé comme l'homme de la situation ; mais la communication ne s'étendit pas au delà. Le 3, il n'était plus possible de rien cacher ; la capitulation de Sedan devint certaine pour tous, et en même temps chacun sentait comme d'instinct que l'empire s'effondrait. Les députés de la gauche se réunirent aussitôt et ils engagèrent M. Thiers à prendre sa part du pouvoir qui allait devenir vacant. Il se récusa. Dans l'après-midi, M. Mérimée vint le voir de la part de l'impératrice et lui dit : " L'empereur est prisonnier ; il ne reste qu'un enfant et une femme. Quelle occasion de fonder à jamais le gouvernement représentatif ! " L'heure était passée où l'empire pouvait se transformer ; c'était son existence même qui était en jeu. Aussi, M. Thiers répondit qu'il n'y avait plus rien à faire.

A 3 heures, la séance de la Chambre s'ouvrit. Le général de Palikao, qui devait avoir conscience de la grave responsabilité qui lui incombait, donna des explications embarrassées, entremêlées de quelques lueurs d'espoir. M. Jules Favre exprima l'avis que le gouvernement avait cessé d'exister et qu'il était nécessaire pour tous les partis de se grouper autour du nom d'un militaire qui prît la défense de la nation. Mais, dans l'état d'abattement qui pesait sur le parlement, celui-ci n'était guère en mesure de prendre une attitude ; aux heures sinistres de l'histoire, ce sont les audacieux seuls qui sont capables de susciter des entraînements. Aussi la séance fut-elle levée à quatre heures et demie, sans qu'aucune résolution eût été prise.

Les ministres se réunirent aux Tuileries, consternés et ahuris. Le général de Palikao, dont les hâbleries et l'assurance autant que les plans avaient été démentis par l'événement, ne pouvait plus faire entendre une voix écoutée ; aucun de ses collègues n'était homme de premier plan. Bien des projets furent agités ; après quoi, on se mit d'accord à l'effet de convoquer le Corps législatif pour le lendemain ; il était 8 heures du soir. A ce moment, le président du Corps législatif était l'objet de vives instances de la part d'un certain nombre de députés, qui réclamaient une convocation immédiate: parmi eux figuraient MM. Jules Favre et Picard, qui ne cachaient pas leur intention de demander la déchéance. Le président céda et fixa la séance à minuit. La surprise des ministres fut grande ; ils auraient désiré un délai pour délibérer ; mais on leur fit remarquer qu'à laisser s'écouler les heures, ils risquaient, eux et le Corps législatif, d'être frappés d'impuissance.

A une heure du matin, la séance s'ouvrit. Le général de Palikao confirma la nouvelle du désastre et proposa de remettre la discussion au lendemain : " Nous n'avons pu nous entendre entre nous, dit-il, car on est venu m'arracher de mon lit pour me dire qu'il y avait une séance de nuit. " Cette évocation de son repos à pareil moment était d'un goût douteux ; mais elle marque le désordre qui régnait dans l'esprit des gouvernants. Aussitôt M. Jules Favre se leva et communiqua une proposition de déchéance, chargeant le Corps législatif de nommer une commission de gouvernement ; il annonça l'intention de la développer le lendemain. Il y eut un silence significatif ; les plus fidèles partisans de l'empire comprenaient qu'ils devaient se résigner. Personne d'autre ne réclama la parole et la séance fut levée. Ailleurs, M. Rouher ne fut pas le dernier à envisager la situation comme perdue ; il dit à M. Ferdinand Barrot : " Il n'y a plus rien à faire ; à demain la Révolution ! "

Le 4 septembre était un dimanche. De bonne heure, toute la population fut en rumeur ; des quartiers extrêmes, elle se rendit vers la rue de Rivoli, la place de la Concorde et le Palais Bourbon. De leur côté, les députés commençaient à se réunir ; la gauche paraissait divisée ; une fraction de ses membres poussait à la déchéance ; les autres s'effrayaient de la responsabilité inhérente à une pareille décision ; là-dessus, M. Thiers survint ; il suggéra de déclarer " le pouvoir vacant, " moyennant quoi une commission serait nommée par le Corps législatif avec mandat de réunir une Assemblée constituante ; M. Buffet estima qu'il vaudrait mieux que la régente remît spontanément ses pouvoirs aux Chambres. Pendant que ces avis divers s'échangeaient, les ministres s'assemblèrent sous la présidence de l'impératrice ; là aussi, divers projets furent agités ; l'idée fut émise de constituer un Conseil de régence ; puis, on se sépara sans avoir rien arrêté ; au dehors, les groupes populaires grossissaient ; l'effervescence augmentait et le cri de déchéance dominait.

Le général de Palikao s'était dit suffisamment armé ; il avait, à l'entendre, 40.000 hommes à sa disposition. Ce chiffre était fort exagéré, et d'ailleurs l'esprit d'une partie des éléments sur lesquels on comptait n'était rien moins que rassurant.

Au surplus le ministre de la guerre n'avait plus de prestige ; et si un nom était encore capable de susciter des ralliements, c'était celui du général Trochu. Le général avait bien été nommé gouverneur de Paris, mais le monde officiel le tenait systématiquement à l'écart ; il s'était vengé de cette défaveur par des censures amères. Le chef du cabinet avait, plus que d'autres, affecté de se passer de son concours. Cependant, le péril pressant où l'on se trouvait provoqua d'autres sentiments. Dans la soirée du 3, le ministre de l'intérieur, M. Chevreau, vint le prier de se rendre chez l'impératrice et de lui apporter l'appui de son dévouement. Le gouverneur ne se hâta pas de répondre à cet appel, et il ne se rendit au château que le lendemain vers 9 heures. Il vit l'impératrice et l'entrevue fut courtoise ; mais ce fut tout ; peut-être aurait-il pu contenir les factieux et sauver la dynastie ; il ne le fit pas.

Tandis que, dans les sphères officielles, le temps se gaspillait en propos sans suite, les rassemblements devenaient plus compacts autour du Corps législatif et le président réclama des forces capables de le défendre ; on lui envoya quelques bataillons de diverses armes ; mais il n'y avait de sûres que la gendarmerie et la police. Au dedans du palais, les députés continuaient à converser ; le projet de M. Thiers de constituer une commission de gouvernement et de défense nationale ralliait le plus de suffrages ; mais M. Buffet ayant insisté pour que cette nomination se fît d'accord avec l'impératrice, il fut chargé d'aller demander à la souveraine ce grand sacrifice. L'impératrice comprit tout de suite qu'il s'agissait de la dépouiller de toute autorité ; elle observa qu'on pouvait prononcer la déchéance ; mais, ajouta-t-elle, " quant à quitter mon poste au milieu du péril, je ne le puis, ce serait une désertion" ; elle conclut en émettant l'avis que la seule conduite vraiment patriotique était de se serrer autour d'elle. M. Buffet objecta que ce serait là sans doute le meilleur parti en soi, mais que l'état des esprits le rendait impraticable. L'impératrice ne céda pas ; elle finit cependant par dire : " Consultez mes ministres, et s'ils adhèrent à vos vues, je ratifierai ce qu'ils auront décidé."

On gagna ainsi une heure. Le Corps législatif se réunit. Trois propositions furent faites : celle du président du conseil, consistant à nommer un Conseil de gouvernement et de la défense nationale investi du droit de nommer les ministres et ayant Palikao pour lieutenant général, celle de M. Thiers et celle de M. Jules Favre. Elles furent renvoyées aux bureaux ; ceux-ci s'assemblèrent aussitôt ; mais, avant qu'un rapport eût été formulé, le Corps législatif fut investi par la foule : la garde du palais s'était retirée et avait été immédiatement remplacée par la garde nationale. Le président, M. Schneider, essaya d'abord de rester au fauteuil ; mais, se voyant débordé, il déclara la séance levée et échappa avec peine aux vociférations et aux coups. Alors Gambetta monta à la tribune, rédigea une motion de d'échéance et la fit acclamer aux cris de : Vive la République ! Jules Favre s'écria : " Ce n'est point ici que cet acte peut être accompli, c'est à l'hôtel de ville ; suivez-moi, je marche à votre tête. " Immédiatement, un cortège se dirigea vers l'hôtel de ville ; il y arriva vers 4 heures. A la tête de la manifestation étaient Jules Favre, Jules Ferry, M. de Kératry, les Arago, Gambetta, Crémieux, Ernest Picard, etc. ; les dirigeants nommèrent aussitôt Etienne Arago maire de Paris et M. de Kératry préfet de police.

Bientôt les révolutionnaires les plus exaltés arrivèrent à leur tour. Si l'on tardait à organiser le mouvement, il était à craindre qu'ils ne s'emparassent des rênes. C'est pourquoi on constitua un gouvernement provisoire formé des députés de Paris et de ceux qui, bien qu'élus par un arrondissement de la capitale, avaient opté pour les départements, tels que Jules Simon, Gambetta et Picard. En même temps, on fit une concession à l'élément avancé en s'adjoignant Rochefort qui était à Ste-Pélagie, qu'on alla chercher et qui se présenta en triomphateur. Mais ce n'était pas tout que de choisir quelques noms de bourgeois pour prendre en main la direction des affaires ; il semblait qu'à ces noms une épée était nécessaire. On alla chercher Trochu ; il arriva à l'hôtel de ville, et Jules Favre lui dit aussitôt : " Nous voulons que, dans cette crise redoutable, le gouvernement ne tombe pas aux mains des gens qui sont là, à côté", et en s'exprimant ainsi, il désignait les clubistes qui remplissaient les cours. Trochu, qui n'était pas indifférent aux phrases retentissantes, répondit : " Me promettez-vous de ne jamais porter atteinte à ces trois choses, la famille, la propriété, la religion ? " On le lui promit ; toutefois, avant de se décider, il déclara devoir consulter son chef direct, le ministre de la guerre. Celui-ci, qui n'avait plus d'autorité, lui fit une réponse évasive ; Trochu retourna à l'hôtel de ville et accepta la présidence du gouvernement provisoire ; ce gouvernement se donna le nom de Gouvernement de la défense nationale.

Pendant que tout ceci se passait, l'impératrice était encore aux Tuileries. Qu'étaient devenus le Corps législatif, le Sénat, les fonctionnaires, les troupes dont le devoir était de la soutenir ? Tout cela s'était effondré ! Elle était entourée d'une vingtaine de personnes, les amis de l'infortune, lorsqu'accoururent le prince de Metternich et M. Nigra, dont la démarche ne peut être assez louée au milieu de cet abandon presque universel. Ils parlèrent d'une fuite, car les mauvaises nouvelles se multipliaient. " Ah ! s'écria l'impératrice, en France on n'a plus le droit d'être malheureux ! " puis, elle demanda au général Mellinet si l'on pouvait défendre le château sans faire usage des armes. La réponse fut négative ; alors elle dit : " Il n'y a plus rien à faire, car je ne veux pas de guerre civile. " Elle hésitait pourtant encore, tant il est dur de se résigner à un dépouillement complet, lorsque M. Piétri vint annoncer que toute résistance était inutile et que le salut de l'impératrice dépendait de son départ immédiat. En entendant ces mots, elle céda, donna congé à ses amis, ne conservant auprès d'elle que les deux ambassadeurs, les frères Chevreau, M. Piétri et Mlle Lebreton. Un instant, la nature reprit ses droits ; avant de quitter les lieux où elle avait régné, la souveraine déchue se répandit en lamentations. Mais les ambassadeurs la pressèrent, disant qu'il n'était que temps et ajoutant qu'ils répondaient d'elle. L'un deux lui offrit le bras ; l'autre accompagna Mlle Lebreton ; ils suivirent les galeries du bord de l'eau, puis celle du Louvre, descendirent sur la place St-Germain l'Auxerrois et hélèrent un fiacre, qui partit au plus vite. Le fiacre alla frapper à deux portes dont les maîtres étaient absents, et finalement les fugitifs échouèrent chez un dentiste américain, M. Evans. Quelques jours après, ils se réfugièrent en Angleterre, sans que personne se préoccupât d'eux. Il semblait que, par un châtiment suprême, la famille impériale ne méritait plus que le dédain.

Le Sénat et le Corps législatif se livrèrent à quelques démonstrations avant de disparaître ; mais les protestations qui s'y élevèrent apparaissaient sans force. Les scellés ne tardèrent pas à être mis sur les salles des séances. Dans les rues, la foule manifestait sa joie ; elle fit de cette journée une journée de fête, sans songer à l'ennemi qui se dirigeait vers Paris à pas pressés !

CONCLUSION.

Ainsi tomba l'empire. Personne ne songea à le soutenir. La nation comprenait d'instinct qu'elle ne pouvait être solidaire des fautes qui avaient amené la catastrophe ; ces fautes étaient personnelles à l'empereur ; lui seul avec les siens devait en supporter le poids. On a vu au cours de l'histoire faire cause commune des peuples et des souverains frappés par le malheur ; ici, l'idée du malheur ne pouvait prévaloir ; tout le monde sentait qu'il s'agissait d'une expiation qui ne devait atteindre que le coupable. Napoléon III aurait pu, en maintenant l'attitude et la politique du début de son règne, assurer l'avenir de sa dynastie et la prospérité de la France : il ne le voulut pas ; ses origines et ces camaraderies pesèrent sur lui, en même temps que ses rêves l'entraînèrent. " On n'est pas en même temps, a écrit M. de Hübner, fils de la Révolution et le pair et le bon frère des souverains légitimes, le neveu du conquérant Napoléon Ier et le fondateur d'un empire qui est la paix, l'élu du peuple et le héros d'une conspiration militaire, un des cinq gardiens des traités qui assurent la stabilité des États et le don Quichotte du principe des nationalités qui les renverse. Et cependant Louis-Napoléon était un peu de tout cela (1). " Ces

(1) *Souvenirs inédits.*

quelques lignes fixent les causes, qui, après une période brillante, minèrent petit à petit l'empire pour aboutir à un désastre sans précédent.

Il faut reconnaître cependant que ces causes ne furent pas les seules. Les ferments révolutionnaires, les pertes graduelles de la foi, la démoralisation des populations contribuèrent à ruiner le pouvoir qu'un besoin intense de paix avait salué d'un immense cri d'espérance après le 2 décembre 1851. Les passions extrêmes, acharnées à détruire, impuissantes à reconstruire, ne pardonnaient pas à l'empire les principes d'ordre qu'il représentait dans une certaine mesure ; elles étaient secondées par la soif des jouissances qui, pendant vingt ans, s'était développée dans des proportions alarmantes, et par les attaques contre la religion qui s'étaient multipliées de plus en plus. La littérature et le théâtre n'avaient rien négligé pour détruire dans les masses le respect de Dieu et l'attachement à la religion ; le positivisme dans les idées et le matérialisme dans les mœurs s'étaient donné libre carrière, et quand ils règnent sur un peuple, celui-ci est mûr pour toutes les décadences.

Depuis la catastrophe de 1870, la France ne devait plus cesser de descendre la pente des aventures à l'intérieur et de l'effacement à l'extérieur. Elle a rapidement oublié l'Alsace-Lorraine et les serments des premières années qui suivirent la défaite. Un moment la Russie, pour conserver carte blanche dans l'extrême Orient, affecta de nouer alliance avec elle, et, tout éprise de ce succès d'apparence, la France s'en félicita comme d'une sorte de revanche. Mais cette

alliance ne lui rapporta rien, et actuellement, à la suite
de revers dont la guerre japonaise a frappé l'empire
russe, elle n'est plus même pour elle une force éventuelle. L'Angleterre l'a humiliée à Fachoda ; elle l'a
aussi amenée à signer un traité par lequel elle abandonnait toute prétention sur l'Egypte, à condition que
sa sphère d'influence s'étendît sur le Maroc. Mais
bientôt l'Allemagne déclara qu'elle ne reconnaissait
pas la valeur de cette dernière stipulation, et elle
substitua à Fez son action à celle de son ancienne
rivale. Pendant ce temps, de détestables doctrines provoquent en France un affaiblissement croissant de la
natalité, affaiblissement qui ne tardera pas à lui faire
perdre son rang de puissance de premier ordre. Pour
se consoler de ces échecs, elle n'a rien trouvé de mieux
que de rompre avec St-Siège ; mais elle paraît ne pas avoir
discerné qu'une attitude arrogante envers une puissance
morale considérable, quelle que soit la faiblesse humaine
de cette dernière, ne fait tort qu'à la nation qui y recourt.

Les doctrines de la Révolution ont petit à petit
engendré ces résultats lamentables. Le second empire,
s'il avait été fidèle à son programme d'origine, aurait
peut-être réussi à susciter un réaction salutaire ; mais
il a aggravé le mal au lieu de l'enrayer ; il a paru favoriser les propagandes les plus funestes, émanées de maints
écrivains engagés dans une véritable entreprise de démoralisation. Après quelques années de prudence, il a en
outre adopté une politique extérieure où l'inconscience
le disputait à la fantaisie et aux tergiversations maladroites.C'est assez marquer qu'une part de responsabilité
fort lourde lui incombe dans la déchéance de la France.

TABLE DES MATIÈRES.

En vente à la même Librairie :

FONTAINE (Th.) — **Sommaire de l'Économie politique.** — Brochure in-8⁰ de 76 pages. . . . . **1 fr. 50**

HAULLEVILLE (Baron DE). — **Étude sur le Sénat.** Son institution, son rôle et ses attributions. La Représentation des intérêts pour la formation du Sénat. — Broch. in-8⁰ de 46 pages . . . . **1 fr. 25**

HOLAIND (le P. I.), S. J. — **Le Socialisme américain.** La propriété et le droit naturel. Examen des systèmes économiques de HERBERT SPENCER et de HENRY GEORGE. Traduit de l'anglais par EDMOND J.-P. BURON, maître ès arts à l'Université de Manitoba. — 1 vol. in-8⁰ de 162 pages . **2 fr. 00**

LECOINTE (GEORGES). — **Au Pays des Manchots.** — Récit du voyage de la *Belgica*. (Expédition antarctique belge.) Impression sur papier couché, ornée de 93 similigravures en couleurs et de 5 cartes hors texte. — 1 vol. in-8⁰ de 368 pages . . . . **5 fr. 00**

Loi et Règlements sur la réparation des dommages résultant des accidents du travail. (Loi du 24 décembre 1903.) — Broch. in-8⁰ de 106 pages . . . . **0 fr. 50**

— Même brochure en flamand . . . . **0 fr. 50**

Lois et Règlements concernant le travail des femmes et des enfants, la police des établissements classés, le payement des salaires aux ouvriers, les règlements d'atelier et l'inspection du travail. Nouvelle édition. — 1 vol. petit in-8⁰ de 268 pages . . . . **1 fr. 25**

— Même ouvrage en flamand . . . . **1 fr. 25**

Manuel diplomatique et Consulaire, publié sous la direction du Ministère des Affaires étrangères de Belgique :

— Tome I : 1 vol. petit in-8⁰ de 400 pages . . . . **5 fr. 00**

— Tome II : 1 vol. petit in-8⁰ de 340 p. et 4 planches hors texte **5 fr. 00**

MARTINET (ANDRÉ). — **Léopold Iᵉʳ et l'Intervention française en 1831.** — 1 vol. in-8⁰ de 324 pages . . . . . . **6 fr. 00**

RAADT (J.-Th. DE). — **Sceaux armoriés des Pays-Bas et des Pays avoisinants** (Belgique, Royaume des Pays-Bas, Luxembourg, Allemagne, France). Recueil historique et héraldique. Ouvrage orné de plus de 100 sceaux et blasons dans le texte de l'Introduction et d'une quarantaine de planches, contenant ensemble plus de 1,200 blasons, et d'un grand nombre de sceaux. — 4 vol. gr. in-8⁰ à deux colonnes . . . . . . **96 fr. 00**

RENESSE (Cᵗᵉ THÉODORE DE). — **Dictionnaire des Figures Héraldiques.** — Ouvrage orné de 42 planches hors texte comprenant les armoiries d'un grand nombre de familles. — 7 vol. in-8⁰ à deux colonnes . **156 fr. 00**

ROBIANO (Cᵗᵉ ANDRÉ DE). — **Le Baron Lambermont, Sa Vie et son Œuvre.** — 1 vol. in-8⁰ de 244 p. orné d'un portrait en phototypie **5 fr. 00**

VAN DEN HEUVEL (J.). — **De la Revision de la Constitution belge.** Étude politique. — 1 vol. in-8⁰ de VIII-184 pages . . . **2 fr. 00**

VAN DER SMISSEN (ÉDOUARD). — **La Population, les causes de ses progrès et les obstacles qui en arrêtent l'essor.** — Ouvrage couronné par l'Académie des Sciences morales et politiques de Paris. — 1 vol. in-8⁰ de 562 pages . . . . **8 fr. 00**

9 782014 039610